课程与教学论新问题研究丛书

王本陆　主编

论指向教学价值提升的数字教材建构

牛瑞雪◎著

海峡出版发行集团｜福建教育出版社

图书在版编目（CIP）数据

论指向教学价值提升的数字教材建构/牛瑞雪著. —福州：福建教育出版社，2024.10. —（课程与教学论新问题研究丛书/王本陆主编）. —ISBN 978-7-5758-0021-1

Ⅰ.G423.3

中国国家版本馆 CIP 数据核字第 2024L2N428 号

课程与教学论新问题研究丛书

王本陆　主编

论指向教学价值提升的数字教材建构

牛瑞雪　著

出版发行	福建教育出版社
	（福州市梦山路 27 号　邮编：350025　网址：www.fep.com.cn）
	编辑部电话：0591-83779615
	发行部电话：0591-83721876　87115073　010-62024258）
出 版 人	江金辉
印　　刷	福建新华联合印务集团有限公司
	（福州市晋安区福兴大道 42 号　邮编：350014）
开　　本	710 毫米×1000 毫米　1/16
印　　张	13.75
字　　数	218 千字
插　　页	2
版　　次	2024 年 10 月第 1 版　2024 年 10 月第 1 次印刷
书　　号	ISBN 978-7-5758-0021-1
定　　价	39.00 元

如发现本书印装质量问题，请向本社出版科（电话：0591-83726019）调换。

总　序

当前，我们正处在百年未有之大变局时代，进入了中国式现代化建设新时代。新时代是世界政治、经济、科技、文化和教育发生深刻变革，充满不确定性和诸多挑战的时代。如何在新时代直面挑战，把握机遇，实现高质量发展，是各行各业亟待探索的重大课题。课程与教学论作为我国教育科学研究的重要组成部分，在新时代必须与时俱进，在研究新现象、新问题的过程中，拓展视野、提升水平，努力促进学科发展与繁荣，为中华民族伟大复兴做出应有贡献。

在新时代，我国课程与教学论学科面临诸多新问题，如核心素养培育机制问题、课程育人功能优化问题、课程结构与内容现代化问题、课程资源数字化问题、价值教学理论与实践问题、发展性教学原理与策略问题、教学优质化与教学创新问题、教学人道化与教学伦理问题、教学智能化与教学技术问题等。这些新问题涉及课程与教学的价值诉求、本体认识和策略谋划，其实质是关于我国课程与教学体系优化升级的整体探寻。整体破解新时代我国课程与教学体系优化升级的难题，是一项长期而艰巨的任务，需要齐心协力、分工合作、勇毅前行。令人振奋的是，近年来，大家面对新时代的新挑战，已经开展了丰富多彩的实践探索并取得了不少成就，如学校课程特色化与多样化，选课走班、分层教学，教学内容结构化与大单元教学，通过深度学习发展高阶能力，线上线下混合教学，组织开展跨学科实践活动，优化作业设计，改进教学评价，等等。实践变革为课程与教学理论创新提供了新动力，提出了新要求，课程与教学论必须加强理论创新，在充分反映实践变革新进展的基础上，揭示我国课程与教学体系优化升级的价值选择、基本原理和行动策略，进而引领新时代课程与教学实践的自觉探索。正是基于这种认识，我们组织几位中青年学者编写了"课程与教学论新问题研究丛书"，希望抛砖引玉，在课程与教学理论创新上做些力所能及的尝试。

这套丛书的第一辑由四本专著组成，分别是任海宾的《教学伦理冲突论》、曹周天的《学习道德论》、贾彦琪的《追寻理性共识：多元文化时代的价值观教学研究》和邓素文的《课程知识价值观研究——兴趣价值论的视角》。这四本专著各有各的问题针对性，内容结构和论证逻辑也各具特色；同时，它们又体现了鲜明的共性特征，具体可以用"新"与"理"两个字来概括。所谓"新"，主要体现为问题新和观点新。四本书的研究内容涉及三个课程与教学论研究的细分领域：课程与教学伦理研究、价值教学研究和课程知识价值观研究。从问题类型上看，这三个细分领域又都可以归为课程与教学价值问题研究这个大类别。相对于课程与教学本体问题、策略问题研究来说，课程与教学价值问题的研究是相对薄弱的。从学科发展的战略层面看，大力加强课程与教学价值问题研究，补强这一短板，意义重大。尤其是在当前这种大变革时代，课程与教学价值领域充满了矛盾斗争和激烈博弈，更需要澄清分歧、辨析学理、凝聚共识。四本专著问题高度聚焦，时代感强，勇于创新，值得肯定。所谓"理"，主要体现为理论性和学理性强。四本书核心概念界定精细，理论基础扎实，理论主张明确，注重历史与逻辑的统一、事实与事理的结合，内容层层递进、逻辑清晰，较好地彰显了理论研究的学术魅力，具有较高学术价值。

《教学伦理冲突论》和《学习道德论》从不同视角分别探讨了课程与教学伦理问题。课程与教学伦理研究是课程与教学论学科的新兴领域。从世界范围看，这一研究领域大体形成于二十世纪七八十年代。我国课程与教学伦理研究起步稍晚于国外，大致是在二十世纪末、二十一世纪初，周建平、胡斌武、王凯、戴双翔等学者均比较深入地研究过教学伦理问题。综合来看，教学伦理研究主要有三个核心议题，即教学伦理属性的认识、教学伦理规范的建构和教学伦理境界的提升。其中，关于教学伦理属性的认识，强调教学是一种德性生活的观点是比较流行的。从应然层面看，强调教学合乎德性是必要和有意义的，是必须坚守的教学信念；但是，从实然层面看，教学并不是天然合乎德性的，更不是道德真空，它反而充满了伦理矛盾和道德冲突。强调教学是充满矛盾斗争的道德实践，这是关于教学伦理属性的一种新认识，可以称之为教学伦理冲突观。《教学伦理冲突论》明确提出和论证了教学伦理冲突观，基于教学活动充满伦理矛盾斗争这一核心命题和德性伦理这一核心价值立场，借鉴哲学、社会学、管理学的冲突理论，深入探讨了教学伦理冲突的实质、功能、类型、过程、影响因素与解决策略等问题，系统建构了教学伦理冲突理论，深化了关于教学伦理属性及其矛盾运动规律的学理认识，体现了理论创新的勇气，为建构教学伦理研究的中国话语做出了积极贡献。难能可贵的是，教学伦理冲突论在揭示教学伦理冲突实质与规律的基础上，致力于"教学至善"的达致，凸显了教学伦理研究作为实践理性探索的真谛。

长期以来，教育伦理学研究习惯于用伦理学视角来审视和规范教育现象，主要从教育者（教师、教育管理者、教育研究者）的视角来观察教育伦理问题并提出针对教育者或教育机构的伦理规范，形成了教育伦理问题的伦理学解答范式。这对于深入认识教育的伦理属性，推动教育伦理规范的建构与完善，发挥了重要作用。但是，随着研究的不断深入，人们发现，诸多教育伦理矛盾的破解，离不开人（包括教育者、学习者、管理者和家长等）的观念与行为改变，而促进人观念和行为改变，恰恰是教育学的特长和优势，于是，在教育伦理学研究中，便形成了以巧妙运用教育规律和教育智慧来破解教育伦理难题为主要特征的教育伦理问题的教育学解答范式。在这一新范式中，学生由教育伦理生活的旁观者变成了实践者，成为教育伦理实践的重要主体。学生的学习生活，充满了伦理矛盾，遵循着伦理规范，因而，有必要从教育伦理学角度展开专门研究。《学习道德论》专门就学生学习问题开展教育伦理学审视，把学习道德问题纳入到课程与教学伦理的研究议题之中，可谓是一项开创性的探索。这项研究的开创性主要表现在两个方面：一方面是建构了分析学生学习道德问题的基本框架，即从学习动机、学习过程、学习关系三个层面来把握学生学习活动中的伦理矛盾，建构学习伦理规范；另一方面是提出和论证了"学以成人"的理论，发出了"做有操守的学习者"的倡导，并探讨了学习伦理建设的路径。"学以成人"理论强调学习过程是学生真实的道德生活和道德成长过程，而学习伦理建设将促进学习者道德发展，较好地揭示了教学的教育性机理。

《追寻理性共识：多元文化时代的价值观教学研究》是近年来关于价值教学问题研究的一项高水平成果。教学肩负人类文明传承的神圣使命。从教学内容角度看，文明传承可以大体区分为三个方面：知识-经验传承、方法-技能传承、价值-规范传承。其中，知识-经验传承主要解决"是什么"这一大问题，即关于物质世界与人类生活的存在状态与运动规律的科学认识和经验积淀；方法-技能传承主要解决"如何做"这一大问题，即掌握关于认识与改造世界的技术路线、有效策略与行为方式；价值-规范传承主要解决"为什么"这一大问题，即掌握关于社会活动与个人生活的目标追求、是非标准和行为准则。基于文明传承的类别区分，学校教学活动也可以相应地区分为知识教学、技能教学和价值教学等不同类型。自然，在常规的教学活动中，知识、技能和价值规范往往是同时存在、水乳交融的，很少有纯粹的知识教学、技能教学和价值教学；但是，从教学目标的主要指向和教学内容的构成重点来看，做此区分又是必要的。知识教学、技能教学和价值教学的原理、过程与方法存在很大差异，不宜混为一谈。其中，价值教学作为最复杂、最微妙的教学论问题，可谓是教学理论王冠上的明珠。当前，国际政治风云变幻，人类社会面临着诸多重大的价值冲突和矛盾斗争，价值教学如何发挥关键作用，更好地凝聚价值共识，为人类命运共同体建设保驾护航？这是摆在我国教学论研究者面前的现实难题。《追寻理性共识：多元文化时代的价值观教学研究》一书，为破解这一难题做了可贵尝试。作者针对多元文化时代价值观教学的现实遭遇，反思了西方价值观教学的不同范式，基于教学论学科立场，大胆借鉴哲学、政治学的经典理论，创造性地提出了以追寻理性共识为核心追求的价值观教学理论。这一理论围绕价值观教学的三个核心问题开展了学理探索并得出了富有启发的结论：第一，在多元文化时代，可否达成价值共识？美国伦理学家罗尔斯曾经提出"重叠共识"的主张，强调多种价值观所具有的共同内容成分；而理性共识的主张，则强调通过理智审思而形成共同意见，即基于所有学习者共同的价值成长过程而形成新的价值选择。这一目标并不易达到，需要复杂而精妙的教学设计。第二，如何在教学内容层面科学地打开价值观，使其真正可教可学？为此，作者建构了价值观教学的"三层次五元素"内容加工模型，即以价值情境为基底层，以价值关系、价值理据和价值规范为延伸层，以价值原则（价值观）为最终层，从问题情境中把握价值关系，探讨处理价值关系的不同价值逻辑和具体规则，进而提炼形成价值主张。这样，原本高度抽象的价值观，通过具体化、情境化、问题化、结构化，就转变成了可触摸、好理解的教学内容。第三，如何建构价值观教学的基本流程，形成稳定有效的教学模式？作者认为，完整的价值观教学需要经历价值识别、价值感知、价值理解、价值认同和价值实践等不同阶段，而价值理解是价值观教学的中心环节。教师在促进理性共识达成过程中发挥着重要作用，需要加强自我修炼、克服诸多实践阻抗。可以说，作者关于价值观教学诸问题的探讨，对于我国价值教学理论的系统建构，对于中小学价值教学实践的改革创新，都具有重要的示范引领意义。

知识价值观问题是课程论研究的经典问题，《课程知识价值观研究——兴趣价值论的视角》对这个老问题进行了新思考。在课程内容的选择上，斯宾塞提出了"什么知识最有价值"的问题，阿普尔提出了"谁的知识最有价值"的问题，这两个问题构成了长期以来课程论学科知识价值观探讨的核心主题。在《课程知识价值观研究——兴趣价值论的视角》一书中，作者认为这两个提问代表了客观主义和相对主义两种不同的知识价值观，它们有积极意义，也需要认真反思。作者提出了课程知识价值探讨的新视角即"什么兴趣指向的知识最有价值"，主张建立一个基于学生兴趣的课程知识生态体系，强调课程知识的选择、组织与呈现都应基于学生的兴趣、遵循学生兴趣发展的规律。应该说，作者基于兴趣论立场对课程知识价值观的反思与建构，富有启发性和现实性。人类教育实践的历史表明，课程内容选择从来是各方利益博弈的焦点，是多种力量制衡的产物。因而，单纯强调某一方的需要，都不足以真正解决问题，只有兼具本体价值、社会价值和个人发展价值的知识，才是最有价值的知识。而且，不管多有价值的知识，都需要以学生喜闻乐见的形式呈现出来，成为学生感知、操作、加工、应用的对象，才能真正发挥其作用。这说明，课程论关于知识价值问题的讨论，不能单纯停留于价值大小的静态比较，还应有机融入价值实现的动态条件。换言之，只有能在教学中真正实现其价值的知识，才是最有价值的知识。这或许就是知识兴趣价值观的真谛和意义所在。

自然，学无止境，这套丛书也存在一些局限和不足，相关论点和论述并非定论，还有很多充实完善的空间。课程与教学价值问题的研究，更是一个需要长期耕耘的学术领地，真诚地期待这些探索能引起更多研究者的关注，期待未来出现更多精彩的高水平研究成果。

王本陆

2023 年 2 月 8 日

（王本陆：北京师范大学教育学部研究员，课程与教学论专业博士生导师，中国教育学会教育学分会副理事长暨教学论学术委员会理事长，中国伦理学会教育伦理学专业委员会副理事长）

前　言

关于数字教材的讨论始于20世纪90年代初，数字教材的建构路径是以技术实践为先导的，但数字教材在使用过程中的反馈并不理想。而关于数字教材建构的诸多理论也聚集于操作层面，未能很好地回应实践中的问题，理论与实践研究相脱节。数字信息技术为什么要与教材融合，数字教材是否必要？如果必要，数字教材建构的初衷与使用效果不尽如人意这一矛盾冲突背后的深层原因是什么？数字教材应该如何建构？阐述数字教材的必要性，解读冲突背后的深层原因，明确数字信息技术与教材融合的方向和科学方式，这是本研究要系统回答的问题。

首先，数字信息技术与教材融合是教材发展的必然。以信息技术为线索回顾教材发展的历史可以发现，信息技术一直以来就深度、全方位地参与了教材的建设，教材的技术化是一个必然趋势。不应纠结于数字信息技术是否应该与教材融合，而应进一步研究如何融合才是更科学有效的，这是信息技术与教材融合的历史新命题。其次，数字信息技术的使用与教材主体发展的意愿相违背的技术异化现象，其根本原因在于技术与人的对立。消解技术异化需要把握正确的数字教材建构的价值导向。再次，数字教材的核心价值是其教学价值。数字教材的教学价值体系，包括客体教学价值和主体教学价值。客体教学价值即如何借助数字信息技术让教材的内容选择和编排更好地实现它的育人价值。主体教学价值即数字教材如何为教学过程提供更好的支持，提升学生学的能力和教师教的能力。教师、教材、学生这三要素，构成了特殊的教学关系。教材教学价值的实现就发生在教材与教师，教材与学生，以及以教材为中介的教师和学生的关系中。最后，数字教材的构建应以提升其教学价值为导向，要以提升教材的客体教学价值和师生的主体教学价值为旨归。提升数字教材的客体教学价值，意味着数字教材应该能够解决教材建构中已经存在的但是纸质教材不能很好解决的矛盾，包括：整体育人与分科编写的矛盾，内容的统一性与个性化教学需求的矛盾，知识多样性与感知方式单一的矛盾，教材内容有限性和人类文化丰富性的矛盾。提升数字教材的主体教学价值，对学生主体而言要全面设计学生主体活动类型，突出年段和不同重点学习内容的规律性，支持指向最近发展区的深度有意义学习，提升学生数字信息技术使用能力。对教师主体而言，应提供学情判断、分析和评估系统，提供可选择的多样教学资源，必要的教研功能支持，整体提升教师的工作效能。

未来数字教材可以预见的变化包括：不间断的数字教材整体技术优化，构建群体合作学习资源，为数字教材主体提供知识创生的出口，让他们拥有更多的知识创生的方式方法。

目　录

第一章　绪论 ·· 1
　　第一节　研究背景 ··· 4
　　第二节　数字教材建构的实践与困惑 ······················· 9
　　第三节　数字教材建构的理论探讨 ························ 24
　　第四节　研究问题与研究设计 ···························· 50

第二章　信息技术与教材融合发展的历史必然及启示 ············ 61
　　第一节　信息技术及教育场域中信息技术的特性 ············ 63
　　第二节　信息技术与教材融合发展的历史回顾 ·············· 68
　　第三节　信息技术与教材融合历史的启示 ·················· 77

第三章　从数字信息技术实践先行到数字教材价值的转视 ········ 83
　　第一节　信息技术融入教材的一般过程 ···················· 85
　　第二节　技术先行的迷失 ································ 89
　　第三节　数字教材中数字信息技术异化的消减 ·············· 93

第四章 数字教材价值体系框架 … 111
第一节 教学价值是数字教材的核心价值 … 113
第二节 数字教材教学价值分析框架 … 123

第五章 数字教材的客体教学价值及其提升 … 129
第一节 协调整体育人与分科编制的矛盾 … 131
第二节 统一性基础上提供个性化资源 … 135
第三节 丰富内容感知方式 … 140
第四节 提升教材内容丰富性 … 144

第六章 数字教材的主体教学价值及其提升 … 149
第一节 数字教材主体的独特价值关系 … 151
第二节 数字教材提升学生学的能力 … 157
第三节 数字教材提升教师教的能力 … 168

第七章 数字教材发展展望 … 177
第一节 整体技术优化 … 180
第二节 构建群体合作学习资源 … 189
第三节 提供知识创生出口 … 192

参考文献 … 194

第一章 绪论

人类进入 21 世纪已经有 20 余年了，信息化、全球化、多元化、个性化是这个时代的标志性特征。美国人杰里米·里夫金（Jeremy Rifkin）预言第三次工业革命即将爆发，互联网技术和可再生能源结合起来，将创造新的工业生产模式，并将彻底改变人类社会的生存方式。① 随着网络技术的飞速发展，足不出户知天下已变为现实，数字信息技术已经渗透到社会生活的方方面面。数字信息技术进入教育领域引发了大量的思考。尤其当平板电脑逐渐普及时，电子书包、在线教育、数字化学习一度成为教育领域研究的最前沿。数字信息技术影响教育领域的标志性事件是 2012 年慕课在世界教育领域崭露头角，2013 年成为我国教育热点话题。而基础教育对于数字化学习的研究和实践也在紧锣密鼓地进行。《国家中长期教育改革和发展规划纲要（2010—2020 年）》提出要加快教育信息化进程，加快教育信息基础设施建设，鼓励学生利用信息手段主动学习、自主学习。不久之后，教育部颁布了《教育信息化十年发展规划（2011—2020 年）》，强调要以教育模式和学习方式为创新核心，努力为每一名学习者提供个性化学习的信息化环境和服务。《2013 年教育信息化工作要点》指出要"全面启动第二代'人教数字教材'等数字产品的研发，2013 年秋季推出部分学科试用性产品"②，首次将数字教材的研发列为教育信息化工作的重点。此后，《教育信息化工作要点》《教育信息化和网络安全工作要点》更是连续多次强调做好"人教数字教材"的开发和优化更新，持续推进中小学数字教材的应用研究，培育形成示范性区域和案例等。2019 年 12 月，教育部发布《中小学教材管理办法》，对中小学教材的编写修订、教材审核、出版发行、选用使用等环节做出规定，并明确提出数字教材可参照管理。③ 这标志着数字教材可被纳入我国中小学教材的管理机制。2022 年 3 月颁布的《义务教育课程方案（2022 年版）》在教材编写部分特别指出

---

① 杰里米·里夫金. 第三次工业革命［M］. 张体伟，孙豫宁，译. 北京：中信出版社，2012.
② 中华人民共和国教育部. 2013 年教育信息化工作要点［EB/OL］.（2013-04-24）［2015-07-05］. http://web.ict.edu.cn/news/jrgz/xxhdt/n20130424_4165.shtml.
③ 中华人民共和国教育部. 教育部关于印发《中小学教材管理办法》《职业院校教材管理办法》和《普通高等学校教材管理办法》的通知［EB/OL］.（2020-01-07）［2022-03-18］. http://www.moe.gov.cn/srcsite/A26/moe_714/202001/t20200107_414578.html#01.

要"充分利用新技术优势,探索数字教材建设"①。作为学习活动的主要工具和媒介,教材一直是教育研究者关注的焦点,当它与数字化连接在一起成为数字教材时,无疑是未来5—10年甚至更长时段的研究热点。

第一节 研究背景

数字信息技术作为当今社会发展的强势推动力已深入社会各个领域,教育领域也不例外。数字信息技术引发了教育领域一系列的变化,当代课堂对于优质的数字教学资源的渴求十分强烈。教材是教学的必备资源,数字信息技术与教材的融合而产生的数字教材,是广大师生接触、使用数字信息技术,提升信息素养的主要途径。数字信息技术的持续发展也给教材的发展带来了无限的可能,值得深入研究。

一、数字信息技术引领社会变革

即使我们不去关注里夫金预言的第三次工业革命是否已经到来,就是回顾前两次工业革命,也不难发现技术的发展确实一次次重塑了人们生产、生活、交往的方式。第一次工业革命,蒸汽机广泛应用,工厂制代替了手工工场,出现了产业工人;第二次工业革命,以电力广泛应用,新交通工具、新通信手段的发明等为标志,社会联系日益广泛,自动化生产使人们进一步从繁重的劳动中解脱出来。早就有人预言 21 世纪是信息社会,现在 21 世纪已经过去 20 余年,以数字信息技术、互联网技术为主导的信息社会生产和生活方式的雏形已经显露无遗。数字信息技术对人的深层次影响更加不容小觑——我们的思维方式正在发生变化。更具体而言,我们接受知识和输出知识

---

① 中华人民共和国教育部. 义务教育课程方案(2022年版)[M]. 北京:北京师范大学出版社,2022:12.

的方式正在发生变化。"当前的知识革命由一套新的计算机工具驱动,这套工具增强了人类的心智而不再是身体。……这些新的工具正在重塑工作的本质,从依靠体力劳动到培养普通人与复杂的符号系统交互的智力能力。"① 在互联网出现之前,人们获取信息的渠道基本是较为单一的媒体。比如图书提供的文字和图片,广播提供的声音,电视提供的图像和声音。但是网络媒体将这诸多的信息承载体融合起来成为多媒体的复杂的符号系统——文本、图像、图片、视频、动画、模拟数据等全方位呈现。对一条信息,我们经常是在同一时间读到、看到、听到。就像货币使得数学学习成为必要,印刷使得阅读和写作成为必要,数字信息技术正在影响我们获取信息的方式,并进一步改变我们思维的方式。克劳德·香农发明了比特的概念作为测量信息的单位,继而信息的数字化编码、快速处理、存储和检索成为可能。信息渗透到各个学科领域。比如,DNA承载了遗传的信息,生物学成为研究信息、指令和编码的科学。货币从实体转变为数字信息,经济学也认识到自己信息科学的属性。语言、文字、计算机技术,这些都催生了信息存储和传输的新需求。而每一种新的信息媒介都会对人的思维方式方法加以改造,就像今天我们的思维方式长期以来借助甚至依赖书面语言这种信息技术。未来人类的思维方式必将与数字信息技术或更新的信息技术紧密相连。

二、数字信息技术参与教育变革

毫无疑问,身处信息社会,无法忽视信息技术的发展变革。技术参与社会建造的能力非同小可,时至今日,数字信息技术在很多领域起到了先锋引领的作用。信息社会是教育所处的外部环境,教育与信息技术的关系复杂而微妙。教育就是一个主体基于信息的交换、理解生成知识和观念,形成能力的过程。教育本身就是信息的生产和使用行业,教学活动作为教育的核心内容之一,天然地具有信息操作的特点。一方面,教育借助信息和信息技术培养了诸多人才,而另一方面,在数字信息技术广泛应用的今天,在教育领域

---

① 阿兰·柯林斯,理查德·哈尔弗森. 技术时代重新思考教育:数字革命与美国的学校教育[M]. 陈家刚,程佳铭,译. 上海:华东师范大学出版社,2013:23.

人们抵触数字信息技术的行动却是最为坚决的。很多教育研究者认为信息技术无非是些绚烂的花架子，对于学习不可能有实质性的促进作用。家长也因为电子显示屏对于儿童眼睛的伤害而努力屏蔽孩子使用任何电子设备。问题是，信息化已经无孔不入，对教育领域而言，根本无法回避。与其竭尽全力回避，不如积极地应对这场变革。教育最终要培养的是未来信息社会中生存的人，数字信息技术无疑是他们必备的技能。

毋庸置疑，数字信息技术的影响已经渗透到了教育领域。首先，数字信息技术塑造了新一代的人。通常把2000年后出生的学生称为"数字原住民"，他们是伴随网络、智能手机和平板电脑成长起来的一代。在他们的童年经历中，缺少了社区内相对固定的伙伴、同龄人之间的游戏，由于备受呵护，也缺少很多直接的生活经验。但因为较早接触网络信息或者数字教育资源，他们对数字产品的接受更加迅速，对社会的认知渠道更加多元。反映到课堂上，学生的学习经验和能力表现出更大的差异，他们了解的知识可能超出教材和课堂教学的范围。教师的知识权威角色有所消解。与学生相比，教师被称为"数字移民"。有人形象地比喻现在的教学，是教师在运用上个世纪的语言与这个世纪的学生进行对话。有些教师不了解学生的思想和思维特点，与学生沟通不畅，对新观念和新思想、新知识接受的速度远远落后于学生。

其次，课堂教学对于数字信息技术日渐依赖。教材是教学的核心资源，然而纸质教材在目前课堂上的使用减少了。在数字化教学环境下，教师需要花费大量的时间和精力准备数字教学资源。纸质教材资源无法与现在的数字化教学环境匹配。教师如果想借用数字化的教学手段，一定要去额外寻找适配的教学资源。更大的问题在于，网络上海量的数字资源却不一定适合教学使用。有的资源与教学内容相关程度较低；有的资源并非教学的重难点所在；有的资源负载冗余的信息太多，反而分散了学生的注意力；有的资源制作粗糙，教师又没有能力修改。著名编辑家、出版家叶圣陶先生说教材是个"例子"，意味着教材作为核心的教学资源，应具有示范性。但面对数字化教学环境，教材作为教学的基本资源支撑，却缺少数字教学资源的示范引导。实践中对于数字形态的教材资源需求日益显现，加强数字教材的研究十分必要。

数字信息技术直接参与课堂教学。2016年教育部颁布《教育信息化"十三五"规划》，规划指出"学校网络教学环境大幅改善，全国中小学校互联网接入率已达 87%，多媒体教室普及率达 80%；优质数字教育资源日益丰富，信息化教学日渐普及；全国 6000 万名师生已通过'网络学习空间'探索网络条件下的新型教学、学习与教研模式"[①]。回想 2000 年前后，如果有老师借用数字信息技术手段上课，会被当作一种创新的噱头。但是到今天，如果课堂上老师不使用数字信息技术手段，却令人不可思议。数字授课资源成为当今课堂教学不可缺少的材料。简单的课件几乎是所有课堂的必备资源，微课在一定区域广泛使用，还有专注于数字信息技术研究的学校，已经尝试与技术公司合作研发校本数字教材。总之，数字信息技术已经在课堂上实现了常态化应用，传统教材出版社和一些高新技术企业纷纷投身于数字教材的研发。数字教材的发展不仅因为有政策的推动，更深层次的动因在于实践的需求。数字教材是数字信息技术在教育领域应用的代表作，是数字信息技术进军教育领域的标志性产物。教材一百年来的发展形成了它固有的模式，包括编写和出版都有一套成熟的程序。如果没有数字信息技术的强行介入，教材很难发生重大的变化。数字信息技术与教材的融合，除了数字信息技术发展的积极推动之外，也应看到原有的纸本教材并不能很好地满足教学的需求，而数字教材有望满足新的教学需求。

再次，多种形态的数字化教学方式日渐成熟。国内以山东昌乐一中为代表的"翻转课堂"实验，基于数字信息技术的优势，旨在提升学生的自主学习能力，是改变传统教学程序的积极探索。他们在学校教学中形成了线上线下混合式的教学模式。当前学生获得知识的渠道更加多样，在学校正式课堂之外，校外出现了多种形态的学习方式，项目制实地授课、实时网络教学、线上线下混合式教学、网络固定课程等，多形态的课外数字化学习方式成为课堂学习的重要补充和延展。

数字信息技术积极地参与到教育变革中，以强势姿态进入教学相关的各个领域、环节，并已经引发了一系列的教学效应。相关研究者从多种角度关

[①] 中华人民共和国教育部. 教育部关于印发《教育信息化"十三五"规划》的通知[EB/OL]. (2016-06-07) [2022-03-18]. http://www.moe.gov.cn/srcsite/A16/s3342/201606/t20160622_269367.html.

注到这一重大变革力量，笔者也试图找到一个切入点，揭示数字信息技术与教育领域的融合过程。

  此外，在信息社会的教育发展过程中，我们还有必要关注"数字鸿沟"[①]的警示。数字信息技术在我国教育领域里大力推进的原因之一，是人们对于教育公平问题的关注及对教育质量提升的期待。新"数字鸿沟"现象警示我们，当信息化的硬件设施到位之后，学生有了公平获取数字信息技术的机会，这时他们或许会面临更严重的数字鸿沟——技能鸿沟。也就是说，网络接入只实现了数字鸿沟的"物理接入"，更深层的鸿沟在于媒介和内容的操作层面，包括对数字技术或数字媒体的操作和处理，信息处理技能、交流技能、内容创造技能和策略技能。如果将数字信息技术视为参与未来社会工作和生活的必备技能，那么在现在的教学中就应广泛地培养学生掌握这种技能，无视它或屏蔽它都将影响到学生未来的发展。如果数字信息技术的优势能够与教材融为一体，将使教材的功能大大提升。以教材为学生了解、使用、操作信息技术的窗口，可以最大限度地保证教育公平。对基础教育而言，教材是师生必备的教学材料，在义务教育阶段是完全由地方政府免费提供使用的。数字信息技术与教材的结合是减小数字鸿沟，普遍提升学生信息技术素养的主路径。

  联合国教科文组织一直以来关注世界各国教育发展问题，尤其关注发展中国家的教育发展问题。联合国教科文组织第38届大会于2015年11月4日通过了《教育2030行动框架》。该行动计划的主旨在于"确保全纳、公平、有质量的教育，增进全民终身学习机会"，其总体目标中提出"让学习者发展基础的识字和计算技能，为将来的继续学习和开发更高级别的技能奠定基础。这需要……恰当的信息通信技术支持，同时获得有助于学习的环境的支持，

---

  ① 美国国家远程通信与信息管理局（National Telecommunications and Information Administration，NTIA）发布了《在网络中落伍》的系列报告，1995年《在网络中落伍之一：一项对美国城乡信息穷人的调查》、1998年《在网络中落伍之二：数字鸿沟的新数据》、1999年《在网络中落伍之三：定义数字鸿沟》和2000年《在网络中落伍之四：走向数字全纳》，提出"数字鸿沟"（Digital Divide）问题，引起了广泛关注。

而这种环境是安全、健康、考虑到性别因素、全纳且资源充足的"。[①] 对世界上大部分国家而言，教材都是全纳的充足教育资源的代表，数字教材可以作为一扇窗口，满足学生对于数字信息技术的学习与掌握的需求。它的建设是减小数字鸿沟的尝试，也是将学生带入全纳的终身学习的重要措施。

第二节 数字教材建构的实践与困惑

一、数字教材实践探索

关于数字教材的研究，实践比理论先行一步。很多国家都对数字教材的开发做了尝试，总结了很多宝贵的经验。尤其进入 21 世纪以来，实践研究层出不穷，特别是 2010 年前后进入了高峰期。

（一）国外数字教材实践研究

美国一直热衷于数字教材的研发。2007 年，由全世界五大教材出版商共同组织了数字教材出版公司 CourseSmart，从事数字教材的制作与销售。2009 年，加州发起免费使用数字教材的计划（Free Digital Textbook Initiative），并签署保障数字教材计划的实施法案，允许 K—12 公立学区为学生提供数字教材。[②] 2010 年，一些非营利机构组织的数字教材出版公司，如 CK—12 Foundation、Flat World Knowledge 和专业数字教材软件公司 Inkling、Scrollmotion 等都开始研发支持学生自学为主的数字教材。2012 年，美国教

[①] 国家教育发展研究中心专题组. 迈向全纳、公平、有质量的教育和全民终身学习——《教育 2030 行动框架》之总体目标和策略方法 [J]. 世界教育信息，2016（1）：12-15.

[②] 刘翠航. 美中小学电子教科书的使用现状分析——加利福尼亚州电子教科书政策引发的争议 [J]. 课程·教材·教法，2011（4）：104-106.

育部（US Department of Education）和联邦通讯委员会（FCC）联合发布《数字教材指导手册》（Digital Textbook Playbook）。同年美国教育部部长呼吁全美尽快采用数字教材，力争2017年全部学校实现教材数字化。① 在联邦政府的激励与引导下，各州纷纷加强研究，积极出台相关的标准规范和政策制度。2013年，美国佛罗里达公立学校发布《数字教材文献研究综述》（Literature Review Digital Textbooks）。2015年，佛罗里达州要求所有公立学校提供电子或数字格式的教学资源，成为第一个在全州公立学校范围内推行数字学习资源和工具的州。② 截至2018年，美国共有6个州要求使用数字教材，有30个州允许使用数字教材。③ 美国国家教育技术总监协会（State Education Technology Director Association，SETDA）出版《引领2018年数字化转型：拓宽学生学习机会》，概述了各州数字教材的选用、审定、管理等方面的相关政策与实践案例。在教材选用方面，各州可自主选用适合学生需求的数字教材；在教材审定方面，各州制定了符合本州课程标准和高质量要求的数字教材审查程序；在教材管理方面，各州需重点考虑数字教材内容的打包方式和托管平台，并实现资源共享。④ 在积极开发数字教材产品，完善数字教材制度的同时，为进一步提升教师协助学生高效使用数字教材的信息化能力，切实将数字教材由单纯的学习对象转化为帮助学生完成其他任务的工具，⑤ 各州相继开展了内容丰富的教师培训，涉及数字开放教育资源的开发与使用、同伴辅导、学生数据隐私等方面。

在欧洲方面，法国哈瓦斯集团下属公司在2000年左右生产出一种适合于

---

① 刘春林. 美国数字教科书出版概览（上）——数字教科书挑战美国K12学校[J]. 中小学信息技术教育，2013（5）：81-83.

② 徐丽芳，邹青. 国外中小学数字教材发展与研究综述[J]. 出版科学，2020（5）：31-43.

③ SETDA. Navigating the digital shift 2018: Broadening student learning opportunities[J/OL]. [2022-03-18]. https://files.eric.ed.gov/fulltext/ED594415.pdf.

④ 孔令帅，潘洪美. 美国电子教科书的发展综述与启示[J]. 现代教育技术，2020（11）：33-39.

⑤ SCHUH K L, VAN HORNE S, RUSSELL J. E-textbook as object and mediator: Interactions between instructor and student activity system[J]. Journal of Computing in Higher Education，2018（2）：298-325.

中小学生学习的"电子教材阅读器",并且在斯特拉斯堡一所学校投入进行试用。同年,英国联合信息系统委员会 JISC 资助电子书屏幕界面研究(Electronic Books ON-screen Interface)项目,提出 22 条电子教材设计原则;2008 年 7 月开始,教育与通信技术局公布了新的教育信息化策略"利用技术:新一代学习(2008—2014)",旨在利用信息技术提供电子教材和课程来满足学生的个性化需求,提高学生的学习能力;2010 年以来,英国教育信息化政策的重点在于建立健全的技术服务支持,指向电子教材的应用需求和未来发展的规划。2012 年德国教育出版商联盟正式发布了数字教材平台,27 家出版社(占教材市场份额 80%)参与了平台项目建设。该项目 5 年内提供纸质教材并免费使用数字教材。[1] 康乃馨出版集团不仅开发了数字教材,还建立数字化课堂试点。另一著名教育出版企业克莱特集团,注重研发与纸质教材配套的数字化学习资源。[2]

亚洲一些国家对于数字教材的研究兴趣丝毫不逊于欧美发达国家。早在 1996 年,韩国总统顾问教育改革委员会发布的第三届教育改革方案中,就提到了教科书和学习材料的数字化问题。[3] 2002—2006 年,韩国重点开展了数字教材的基础研究;2007 年,为了开发适合未来教育环境的数字教科书,培养创造性人力资源,[4] 开始实施"电子教材商业推广计划(2007—2011)",开发了 20 余本电子教材,在约 100 所试验学校开展试点研究。2011 年,韩国教育科学技术和国家信息化战略委员会发布了《智慧教育推进战略》,提出要在 2015 年在全国普及数字教材,在当时引起了广泛的国际关注。2013 年,"数字教科书的开发和激活计划"启动,该计划致力于开发完整的数字教科书系统,建立将课堂和家庭学习联系起来的数字教科书基础。[5] 韩国数字教材由

---

[1] 毛小红. 德国中小学教材出版业现状与发展困境 [J]. 中国出版,2014(3):59-63.
[2] 王安琳,毕海滨. 德国教育出版及数字化管窥 [J]. 现代出版,2012(2):67-69.
[3] 刘忠波. 韩国中小学数字教科书的政策推进、开发出版及问题对策 [J]. 出版科学,2020(3):108-113.
[4] KWAK D H. The KERIS 2007 Annual Report [R]. Seoul:Korea Education and Research Information Service,2007:6.
[5] 廖晓丹. 韩国中小学数字教科书的开发应用及对我国的启示 [J]. 全球教育展望,2020(7):119-128.

政府主导研发，后期因政府投入资金缩减，引起教师数字信息技术相关培训不到位，数字教材研究经费不足等问题，原定的普及国家课程的数字教材计划未能实行，但仍在部分学校保持实验状态。① 日本也是较早关注数字教材研发的国家之一。2010 年日本政府颁布"新信息技术成长战略"，要求利用电子教材充实教学内容，全体学生每人配备一台信息终端，20 年内建造适合 21 世纪的学校教育，并配套发布了数字教材发展规划的纲领性文件《新信息技术战略工程表》。其文部科学省在 10 所公立小学、8 所公立初中和 2 所特别支持学校进行了数字教材应用试验。② 2018 年，日本国会通过《学校教育法修正案》，数字教材作为中小学教材的一种类型得到了法律层面的认可。到 2021 年，日本数字教材在小学和初中全科目、全学段的覆盖率均达到了 95%，数字教材的学校覆盖率于 2022 年 3 月也达到了 36.1%。日本政府计划借推行新修订小学教材这一契机，于 2024 年将数字教材普及到全国。③ 2001 年 4 月，马来西亚在吉隆坡及其周边地区的 200 所中小学试验电子教材，探索电子教材的可用性。2010 年，他们与英特尔公司合作采购 5 万台学生电脑，用于在较富裕的省份开展电子书包和电子教材项目试点计划。2013 年马来西亚正式启动全国数字教科书项目，分三个阶段进行：第一阶段为 2013—2015 年，教育部向门户网站 IBestariNet 上传纸质教科书的电子化版本，供全国中小学师生使用；第二阶段为 2016—2020 年，为选定主题制作交互式电子教科书；第三阶段为 2021—2025 年，计划开发、出版覆盖所有学科，且能够满足特殊学生需求的数字教科书。④ 新加坡教育部于 1999 年推出 "EduPAD－教育电子簿"试验计划；2006 年又推出 "IN2015 教育目标"计划，全面实施 "实验学校"和 "未来学校"信息化教育改革方案，称在 2015 年为所有学生提供网络课本。

---

① 屈志君. 智慧教育现状分析 [J]. 电脑知识与技术，2014 (32)：7674-7676，7685.

② 孙立会，李芒. 日本电子教科书研究的现状及启示 [J]. 课程•教材•教法，2013 (8)：111-117.

③ 宋武全，李正福. 日本数字教材建设：政策演进、实施路径和问题启示 [J]. 全球教育展望，2023 (6)：89-99.

④ 徐丽芳，邹青. 国外中小学数字教材发展与研究综述 [J]. 出版科学，2020 (5)：31-43.

教材在基础教育阶段作为课程标准内容细化的实体表现,是学校教育中重要的教学资源。在信息化社会中,数字信息技术逐渐进入课堂教学。世界各国均重视教材的建设,无论是政府、企业还是非营利机构都十分关注数字教材的研发和实验。我国的教材研发曾经历了翻译国外教材、模仿编写和自主编写的历程,而此次启动的数字教材建设的浪潮,我国的实践研究与世界同步,甚至还领先很多国家。数字教材的建设尚没有成熟的经验可以借鉴,这意味着务必要投入更多的理论和实践研究,才能推动这一新生事物逐步走向完善。

(二)我国政策层面的支持与推进

我国一贯重视教育信息化建设,将其视为国家复兴的重要路径。从 2010 年开始,在教育、文化、科技等相关领域出台多项国家政策,积极鼓励和要求构建优质数字化资源。《国家中长期教育改革和发展规划纲要(2010—2020 年)》指出信息技术对于教育发展的革命性影响,要求加强优质数字化教育资源开发与应用,加强教学资源库建设,以期为每个学生提供适合的教育。①《教育信息化十年发展规划(2011—2020 年)》提出"以优质再教育资源和信息化学习环境建设为基础,以学习方式和教育模式创新为核心","为每一名学生和学习者提供个性化学习、终身学习的信息化环境和服务"。②《2013 年教育信息化工作要点》首次将数字教材的研发列为教育信息化工作的重点。③《2014 年教育信息化工作要点》再次提出了以符合新课标的义务教育阶段数字教材为重点,系统开发配套的基础性数字教育资源,逐步实现基础性数字教

---

① 中华人民共和国教育部. 国家中长期教育改革和发展规划纲要(2010—2020 年)[EB/OL].(2010-07-29)[2015-07-05]. http://www.moe.gov.cn/jyb_xwfb/s6052/moe_838/201008/t20100802_93704.html.

② 规划编制专家组.《教育信息化十年发展规划(2011—2020 年)》解读[M]. 北京:人民教育出版社,2012:77-80.

③ 中华人民共和国教育部. 2013 年教育信息化工作要点[EB/OL].(2013-04-24)[2015-07-05]. http://web.ict.edu.cn/news/jrgz/xxhdt/n20130424_4165.shtml.

育资源全覆盖的工作任务。① 2019年2月，中共中央、国务院印发《中国教育现代化2035》，明确提出要加快信息化时代教育变革，利用现代技术加快推动人才培养模式改革，建立数字教育资源共建共享机制等。② 并在同时印发的《加快推进教育现代化实施方案（2018—2022年）》中进一步提出"大力推进教育信息化促进信息技术与教育教学深度融合，支持学校充分利用信息技术开展人才培养模式和教学方法改革，逐步实现信息化教与学应用师生全覆盖"③。2021年12月，国家新闻出版署发布的《出版业"十四五"时期发展规划》明确提出"实施数字化战略"，包括"创新出版业态、传播方式和运营模式，推进出版产业数字化和数字产业化""系统推进出版深度融合发展"等，④ 为充分发挥数字技术赋能引领作用提供了基本遵循。2021年7月，教育部等六部门联合印发《关于推进教育新型基础设施建设构建高质量教育支撑体系的指导意见》，指出要积极推进以信息化为主导的教育新型基础设施建设，到2025年实现"汇聚生成优质资源，推动供给侧结构性改革"⑤。2022年10月，党的二十大报告明确提出要"推进教育数字化"。这些规划部署，不仅为教育领域的高质量发展构筑了坚实基础，也从国家战略层面为教育数字化以及数字教材建设指明了发展方向。

---

① 中华人民共和国教育部. 2014年教育信息化工作要点[EB/OL].（2014-03-14）[2015-07-05]. http://www.moe.gov.cn/srcsite/A16/s7062/201403/t20140314_165870.html.

② 中共中央、国务院印发《中国教育现代化2035》[EB/OL].（2019-02-23）[2022-11-05]. https://www.gov.cn/xinwen/2019-02/23/content_5367987.htm.

③ 中华人民共和国教育部. 中共中央办公厅、国务院办公厅印发《加快推进教育现代化实施方案（2018—2022年）》[EB/OL].（2019-02-23）[2022-11-05]. http://www.moe.gov.cn/jyb_xwfb/s6052/moe_838/201902/t20190223_370859.html.

④ 国家新闻出版署. 国家新闻出版署关于印发《出版业"十四五"时期发展规划》的通知[EB/OL].（2021-12-30）[2022-03-17]. https://www.nppa.gov.cn/xxfb/tzgs/202112/t20211230_666304.html.

⑤ 中华人民共和国教育部. 教育部等六部门关于推进教育新型基础设施建设构建高质量教育支撑体系的指导意见[EB/OL].（2021-07-20）[2022-03-18]. http://www.moe.gov.cn/srcsite/A16/s3342/202107/t20210720_545783.html.

（三）人民教育出版社数字教材实践研究

国内多家出版社都尝试了数字教材的出版实验，因大部分的数字教材还处于实验阶段，难以获取全部的资料，笔者选取了我国最重要的基础教育教材出版基地——人民教育出版社的数字教材产品，力求梳理出我国数字教材实践发展的历程。

1. 人民教育出版社数字教材实践研究

从20世纪80年代开始，人民教育出版社（以下简称人教社）就开始研发与教材配套的多媒体教学资源。1980年，人教社委托北京市电化教育馆，录制与人教版高中英语教材配套的教学录音磁带，供给北京地区的教师和学生，满足他们的学习需求。这是突破单一纸本化教材形态的有益尝试。而明确开展数字教材建设工作，有一标志性事件：2001年，人教社承担了全国教育科学"十五"规划教育部重点课题"手持式电子教材在教学中的应用研究"；次年，在国内率先发布了一款"人教电子教材"产品，正式开启了我国实践领域探索数字教材的序幕。经过十余年缓慢的发展，到本世纪初，随着数字信息技术的成熟和手持移动终端的普及，数字教材研究成为教育领域的热点问题，产生了大量理论研究成果。截至目前，在我国可以说人教社对于数字教材实践研究的起步最早，做出的尝试也最多。实践探索的数字教材形式包括手持电子书、多媒体教材、富媒体教材、网络教材、ePub数字教材等。

2. 第一代人教数字教材

2002年，"人教电子教材"产品面世。人教电子教材的大小与当时中小学生普遍使用的32开教材相近，采用液晶显示屏，所有教材内容装载在配套的存储卡中。[①] 人教电子教材从本质上说是一款手持电子书，其中以软件方式存在的数字教材是纸质教材的数字镜像版，从文字到插图都是纸质教材的原样翻版。在今天看来，这款产品存在很多不完善之处，但在二十几年前，它的出现开启了研究者对数字教材的初步探索。

---

① 高路. 我国第一代电子教材——人教电子教科书问世 [J]. 课程·教材·教法，2002（5）：40.

2007 年，人民教育电子音像出版社开发并出版了高中教材系列配套光盘。光盘中包含与高中教材配套的电子教材。在这套电子教材基础上，人教社又于 2010 年将电子教材进行了网络化处理，形成在线版的数字教材。这套数字教材成为人教学习网（www.gopep.com）中的一个模块，名称叫作"电子课本"。在这套数字教材中，研发者采用了以纸质教材的镜像版为核心，辅以多媒体资源的设计模式。这些资源以文本、图片和视频为主，制作精良，能够对教材内容起到很好的补充作用。但另一方面，这套数字教材本身提供的交互性功能以及配套资源的交互性都相对弱一些。2012 年开始，随着义务教育课程标准（2011 年版）的颁布，人教社推出了新版（第 11 套）义务教育教材。与之配套，人教学习网中的电子课本也进行了更新。

上述两种纸质教材的数字镜像版本也成为数字教材的最基本形态，如今也被称为"第一代人教数字教材"。

3. 第二代人教数字教材

2011 年年底，人教社推出了"人教数字校园"系统，其中包含一套人教版数字教材。这套数字教材自身采用了常见的多媒体数字教材设计，但不支持用户直接上传资源。这套数字教材的基本设计思路与人教学习网电子课本类似，但更强调富媒体性。一方面提供了大量有较强交互功能的配套富媒体资源，另一方面资源的内容与相应位置的教材内容高度相关。数字教材也包含了工具箱、资源库、课件、示范课等关联模块，支持在人教数字校园整体环境下的综合应用。

第二代人教数字教材的研制和应用是教育部《2013 年教育信息化工作要点》中列出的重点任务之一。它的典型特征是：尽管在形式上仍采用纸质教材内容与富媒体配套资源这一基本形式，但为了适应电子白板等终端，其对纸质教材的版式结构进行了适当调整，将竖版的教材编排格式改为横版的白板呈现模式，是跳出严格沿用纸质教材镜像模式的尝试。第二代人教数字教材的另一个特点是开始支持包括移动学习终端在内的多终端使用。但是由于第二代人教数字教材采用了 Flash 技术作为底层技术方案，使得它在移动学习终端的支持效果并不太好。

4. 第三代人教数字教材

2018年，第三代人教数字教材正式发布。第三代人教数字教材以课程标准为依据，以人教版纸质教材为蓝本，在延续第二代人教数字教材多媒体教材优势的基础上，融入了大数据、VR、人工智能等高新技术，是集教材、教学资源、学科工具、应用数据于一体的立体化教材。① 与第二代人教数字教材相比，第三代人教数字教材更加强调虚拟资源的生成与互动，可实现人机、人人多向交互，有利于促进主体间的沟通交流。在大数据技术的支持下，第三代人教数字教材还可以实现对学生学习轨迹的记录，帮助教师进行个性化反馈与评价，同时还可以为学生、教师提供智能化、精准化的内容推送。"这样的中小学数字教材，基本具备了内容上科学、技术上优越、教学中适用等特点，能够满足教育信息化2.0时代数字化教育教学的需求。"② 目前，人教社已顺利完成第三代人教数字教材的整体优化升级。2020年3月，教育部印发《2020年教育信息化和网络安全工作要点》，提出要"继续做好义务教育和普通高中统编'三科'及其他'人教数字教材'的开发和优化更新"，"推进中小学数字教材在学校的普遍化、常态化应用"，③ 对第三代人教数字教材给予了充分肯定。

5. 初中《英语（新目标）》网络教材

2009年，北京人教希望网络信息技术有限公司和创而新（中国）科技有限公司合作研发并出版了初中《英语（新目标）》网络教材。初中《英语（新目标）》网络教材整体上包括教材镜像版、直接配套资源、配套工具和资源库等组成部分。这套网络教材也采取了在教材镜像版的页面上划定区域并链接至配套资源的形式。在此基础上，初中《英语（新目标）》网络教材还提供了一系列与英语学习相关的工具，包括语音识别、分析工具，评测工具（题库），语法和词汇学习工具，学生学习档案等。通用性工具的引入成为这

---

① 人教数字教材[EB/OL].[2022-11-26]. http://www.pep.com.cn/products/sz/jj-fa/rjszjc/.

② 王志刚，沙沙. 中小学数字教材：基础教育现代化的核心资源[J]. 课程·教材·教法，2019（7）：14-20.

③ 教育部印发《2020年教育信息化和网络安全工作要点》[EB/OL].（2020-03-03）[2022-11-26]. http://www.edu.cn/xxh/focus/rd_xin_wen/202003/t20200303_1714814.shtml.

款数字教材的一个功能亮点。此外，初中《英语（新目标）》网络教材还提供了一个教学资源库，辅助教师进行备课、授课工作。

6. 人教 ePub 数字教材

2014年，人教社基于初中《英语（新目标）》网络教材的设计思路，采用国际通用的 ePub3.0 技术标准，研发了人教 ePub 数字教材。这套数字教材是基于网络交互概念设计和开发的，具有两个突出的特点：一是实现了对数字教材主体部分的版式控制，并基于 xhtml 标准良好的跨平台适应性实现了在不同终端的适配；二是虽然人教 ePub 数字教材本身只是简单的教材镜像版，但在实际使用时可以支持用户依据数字教材的内部结构，将数字教材与网络上的任何可用资源之间形成功能性重组。这使得数字教材在具有基本内容、基本功能后可以根据用户需求实现任意扩展。

（四）其他出版社的数字教材实践研究

1. 苏教版小学语文数字教材

2003年，江苏省常州市武进区教育局电教中心召集了11所学校进行苏教版小学语文教材的电子化工作（定名为"苏教版小学语文电子教材"）。苏教版小学语文电子教材的设计理念，是将电子教材定位于：不仅是电子化的教材，而且是一种以数字信息技术为工具开发的多媒体教材。苏教版小学语文电子教材的内容除了纸质教材的课文外，还包括课文相关的背景资料（文本）、多媒体资料、拓展阅读等，强调电子教材可以拓展纸质教材的内容。[①]

2. 清华同方多媒体数字教材

2007年，同方光盘电子出版社（当时名为：清华同方光盘电子出版社）陆续出版了高中和初中多媒体电子教材（人教版），包含光盘版本和网页版本。这套数字教材在电脑环境中运行，教材内容包括两个部分：一是直接扫描纸质教材获得镜像版，二是在镜像教材的基础上加入配套的富媒体资源。这款数字教材将整套初、高中教材的数字镜像内容与一个教学资源库进行整合。教学资源库中的大量富媒体资源、数字化教学工具按学科和年级分类后，最终匹配到教材的每一页中。由于资源库本身的资源数量较大，这套数字教

---

① 宋惠平. 武进电子教材个案展示[J]. 信息技术教育，2005（5）：5-7.

材每一页都配套有几十甚至上百个资源。将大量的资源直接整合进教材中，无疑让教材的容量增加了许多，也给教材的运转造成了很大的负担。此后很少有数字教材将资源库直接纳入其中，而基本都采用了以纸质教材为蓝本再配以富媒体资源的资源构成模式。

3. 明博"优课"数字教材

2010年，明博教育科技有限公司推出了"优课数字化教学应用系统"，其中包含多套不同版本的数字教材。"优课"数字教材仍采用多媒体教材的一般结构，将资源嵌入教材的页面中。这款数字教材支持用户自己上传资源，支持数字教材与系统中"资源中心"的关联。数字教材是优课系统中的一个重要组成部分，可以与优课系统联动，但不能脱离系统独立使用。

4. 外研数字教材

2011年，外语教学与研究出版社推出了一套面向基础教育全学段的英语单科数字教材——iEnglish基础教育数字教材。2021年，外研社新版数字教材发布，这套依据国家课程标准，基于外研新标准的教材，强调语言质量，注重以学生为中心，突出教师的重要角色与作用。一方面，它积极运用大数据、智能语音评测、多媒体等先进技术；另一方面，它依托英语学科专业教学方法论，深度挖掘英语学科育人价值，较以往教材功能更加丰富，贯穿课前预习、课上讲解、课后练习等全教学场景，覆盖学习中听、说、读、看、练等核心环节，力求形成有效的学习闭环。①

5. 北师数字教材

2016年，北京师范大学出版集团开始探索数字教材的研发，于2017年正式在安卓上线。该套教材积极引入人工智能语言和大数据技术，采用原版原式的呈现方式，与北师大版纸质教材同步更新，同时开发了一些辅助学生学习的学科特色工具，如在小学数学低年级的数字教材中加入游戏化口算练习，提升学生的学习兴趣；与科大讯飞合作开发英语点读、连读、复读、口语测评等功

---

① 中国网.外研社发布新版数字教材　数字技术助推教育高质量发展[EB/OL].(2021-04-02)[2022-03-10].http://edu.china.com.cn/2021-04/02/content_77371781.htm.

能,① 为学生提供多样化的语言训练等。目前包括小学语文、数学、英语,初中数学、英语、物理、生物,高中英语、数学共 9 个学科 62 册。②

通过上述对我国一些数字教材案例的梳理,可以发现数字教材在内容的变更上异常谨慎,而在技术的运用上大胆尝试。按数字教材的技术功能划分,可以分为镜像数字教材、多媒体数字教材(包括非交互多媒体数字教材和富媒体数字教材)、交互式网络教材。镜像数字教材的基本特点就是数字教材的内容、版式等方面是纸质教材的数字化版本。除去一些电子书共有的基本阅读功能外,镜像数字教材中没有超出纸质教材的预设内容。就实用性而言,早在 1993 年就已有学者提出,单纯使用镜像数字教材对学生理解学习内容方面与传统课本相比并无优势。③ 在各类实际应用中,一些学者同样发现,作为纸质教材的镜像数字化版本,镜像数字教材往往只在节省开支方面体现了一定优势,但在利用数字教材提高教学有效性方面则鲜有特色。④ 镜像数字教材是最简单的教材数字化尝试,其余两类数字教材都是在它的基础上发展出来的。目前,国内仍有少量镜像数字教材产品在使用。如纳米盒 APP 中有原版纸质教材的翻版,内嵌朗读、跟读、翻译等功能。而简单的好处就在于其对生活中可用可见的移动设备有更好的适用性。学生在地铁上就可以看,走路时可以听,对于语言学习来说非常便利,也满足了学生在不同的时空中灵活使用教材的需求。

多媒体数字教材比镜像数字教材增加了更多的功能和资源表现形式。目前常见的多媒体数字教材都采用了在镜像数字教材的基础上整合配套资源的结构形式。采用这种形式的多媒体数字教材开发难度较小,基于教材原有的结构布局扩展资源,减少了教师和学生搜索相关资源的时间,并且与各类教学资源库

---

① 王志刚. 我国中小学数字教材开发现状及发展建议——基于中小学数字教材典型产品调研的分析 [J]. 出版科学,2020(5):22-30.

② 肖晓羽,李佳,赵晓嬿. 中小学数字教材出版的实践与思考——以北师数字教材为例 [J]. 传播力研究,2020(7):117-118,120.

③ AUST R, KELLEY M J, ROBY W. The Use of Hyper-reference and Conventional Dictionaries [J]. Educational Technology Research and Development. 1993(4):63-73.

④ DENNIS A R, MCNAMARA K O, MORRONE S, PLASKOFF J. Improving Learning with eTextbooks [Z/OL]. http://etexts. iu. edu/files/Improving%20learning%20with%20etextbooks. pdf,2012.

相比，更容易提高资源的使用效率，是目前国内最为常见的一类数字教材。

交互式网络教材是在多媒体数字教材的基础上发展出来的一类最新形态的数字教材。与多媒体数字教材不同的是，交互式网络教材强调数字教材在内容和使用方面具有开放性与关联性。交互式网络教材通过网络上的信息交互，使数字教材能够与不同类型的网络资源、工具、服务动态关联，并能够被各类教学系统、教学平台整合应用。由于能够充分发挥网络交互的效用，它能够将教材在内容精简和编排体系方面的优势与网络资源及服务在个性化、海量化、泛在化等方面的优点相结合。

二、数字教材实践的困惑

数字教材的实践已经有二三十年的历史，从镜像教材、多媒体教材再到网络教材。人们尝试了很多新技术，对教材的架构也做了多种实验。然而遗憾的是，数字教材似乎并未得到教材使用者的一致好评。相反，当数字教材投入到实践领域时，不但未受到追捧，反而还遭到各种质疑。国外对于数字教材实践应用的呼声早于国内，甚至一些地区曾扬言要彻底替代纸质教材，但并没有见到如预期那样的大范围应用，替代纸质教材更是被无限期搁置。如韩国曾希望用数字教材助推智慧教育，拟于2015年全国使用数字教材，但后来却很难有效推进数字教材的研制。美国加州等地曾预言要用数字教材全面取代纸质教材，也未能如愿。其中不乏财政支持等经济问题，更重要的是，数字教材目前并未显现出足够的教学优势，使得政府能够有信心提供长期的研发和教师培训经费支持。

有文献研究的结果表明，很多教师在使用数字教材时，缺少有关技术整合的特定知识和技能，难以管理信息资源和学习活动，出现了对学生学习过程监控不到位等问题。针对这类问题，研究者将问题单一归因于教师整合技术的学科教学法知识（Technological Pedagogical and Content Knowledge，TPACK）的欠缺。[①] TPACK固然是教师为适应数字化教学活动而需要学习提升的，但单方

---

① 尤佳鑫，孙众，宋伟. 数字教材的技术接受度与教师TPACK能力的相关分析——基于结构方程模型的实证研究［J］. 电化教育研究，2014（11）：102-108.

面归因是有些偏颇的。从数字教材目前的状态是否能够满足教学需求，如何提供更丰富、多样、便利和高效的资源支持方面多做思考也是必要的。

某版本数字教材的实验研究显示，很多学科的教师在课堂使用数字教材的过程中有诸多不满，反馈了不少问题。首先，数字教材的相关资源并没有集中针对教学重、难点。比如，小学语文数字教材缺少对识字方法的渗透、新笔画的指导、课文新句型指导等资源。其次，优质拓展资源数量不足。比如，小学数学配套资源的动画节奏太慢或太快，交互练习的界面和反馈方式不符合学生年龄特点，与实际生活相关、与时俱进的例题或与应用情境相关的拓展资源不足；小学语文与课文相关的阅读拓展资源明显不足；初中生物有难度的实验操作视频有待补充，培养学生情感、态度、价值观的资源明显不足；初中化学教材的评价和测试资源不足。再次，数字教材难以满足教师灵活使用的个性化需求。语文课文音频语速无法调节，不便于强调重点词句的发音朗读。小学数学数字教材供教师选择的资源不足，并且无法修改或补充教师自己开发的教学资源；在功能方面，数字教材不提供数学教学中不同解决方法之间的对比，而这是重要的数学思维培养方法；部分动画操作较为烦琐，费时费力。① 还有研究者指出，一些数字教材在开发过程中由于专业人才的深度参与，不能做到紧密围绕课程标准，尤其是在促进学生核心素养发展、跨学科融合、学段衔接等方面做得不够，数字教材内容的科学性、教学适用性、系统性仍有待提升。② 整体而言，当前数字教材更多是以纸质版教材为蓝本对内容进行数字化转化，同"信息技术与教育教学深度融合"的要求还有一定差距，③ 阻碍了数字教材应有作用的发挥。

在学生方面，一项针对 2000 年左右出生的学生使用信息技术的调查显示，这些"数字原住民"对于数字信息技术在课堂的使用也并没有表现出研究者所期待的热忱，事实是课堂上数字信息技术的使用并没有很好地满足学

---

① 张媛媛. 数字教材的教学实验、需求分析及发展趋势——以第二代"人教数字教材"为例 [J]. 数字教育，2015（5）：44-49.
② 周启毅. 数字教材建设中的常见问题分析 [J]. 出版广角，2021（21）：56-58.
③ 仇森，潘信林，罗妍. 新时代中小学数字教材建设的现实障碍与推进逻辑 [J]. 中国教育学刊，2021（7）：73-77.

生对技术的期待。接受访谈的学生表示，课堂上的数字信息技术使用，更多地体现为板书的替代品，这样虽然可以更生动地呈现教学的内容，使得知识的呈现更具有吸引力，但学生却只是技术的"旁观者"，他们希望在课堂中能够借助数字信息技术更多地参与教学过程。① 国外一些学者针对学生态度的研究也表明：学生对镜像数字教材的态度并不积极，甚至更愿意使用纸质教材。② 除此之外，数字教材在将丰富而开放的课程资源带给学生的同时，也带来了不可避免的风险与冲击，良莠不齐的网络资源容易造成学生的信息迷失，存在一定的安全隐患，③ 碎片化阅读则容易使学习停留在知识的表面，不利于学生的深度学习和思维发展。④ 有研究者对数字教材在语文学科中的应用进行了反思，提出数字教材在为语文教学带来便利的同时，也引发了学习易脱离文本，忽视人际交往等不利影响。⑤

家长对于使用数字教材的必要性持怀疑态度。数字教材太贵，对于中西部地区的贫困家庭，花费千元购买数字教材的移动终端确实不轻松。尤其这并非是一劳永逸的投资，移动终端易坏、使用年限有限等问题，更让这笔费用支出成为巨大的经济负担。家长还担心孩子的视力受到电子产品的影响，下降更加明显；他们还怀疑电子设备会让学生的学习分心，沉迷于网络和游戏，而不专注于学习活动。

---

① 顾小清，朱元锟. 教育用户对技术产品的接受度研究：师生群体的差异及其相互影响 [J]. 电化教育研究，2012 (8)：21-27.

② LAM P, LAM S L, LAM J, MCNAUGHT C. Usability and Usefulness of EBooks on PPCs：How Students' Opinions Vary over Time [J]. Australasian Journal of Educational Technology. 2009 (1)：30-44；NAKOS G E, DEIS M H. Student Perceptions of Digital Textbooks：An Exploratory Study[Z/OL]. http://www.westga.edu/~bquest/2003/digital.htm；STROTHER E A, BRUNET D P, BATES M L, GALLO J R. Dental Students'Attitudes Towards Digital Text-books [J]. Journal of Dental Education, 2009, 73 (12)：1361-1365.

③ 石娟. 数字教科书发展的现实境遇与因应策略 [J]. 课程·教材·教法，2019 (3)：43-47.

④ 张增田，陈国秀. 论数字教科书开发的未来走向 [J]. 课程·教材·教法，2021 (2)：37-42.

⑤ 华乐菲. 数字教科书在语文学科中应用的冷思考 [J]. 教育探索，2019 (6)：17-19.

三、对数字教材实践发展趋势与困惑的反思

综观数字教材的实践状况,并不令人乐观。数字信息技术的先进性与教材的结合并未收到更好的预期效果,与教材相关的多主体均反映出一定程度的不满,甚至还使教学资源的数字化建设出现严重的浪费情况。很多资源建设之后不是被有效地使用,反而束之高阁。教师不用它们来教,学生不用它们来学。数字化的资源仅仅出现在公开展示课上。如果数字教材的研发不能满足教学的需求,或者不能表现出比纸质教材更好的教学效果,那么对于数字教材的质疑会愈演愈烈,数字教材的发展将举步维艰。

数字教材的研究实践先行,但是到目前为止也还没有一项理论研究说清楚数字教材是什么,数字信息技术如何参与到教材建设中,数字教材未来的发展方向在哪里。在实践中已经出现了诸多错误的建设方向,比如盲目进行数字资源的建设,建设的资源在实际教学中应用很少,造成了人力、物力、资金的浪费,更有甚者,可能会对学生的学习效果造成不良影响。因而,对于数字教材的研究迫切需要从理论的角度对其进行深入的探讨。

我们不得不重新思考,先进的数字信息技术是否应该与教材结合?有没有足够的证据表明信息技术与教材的结合是必要的?如果是必要的,为什么会在数字教材的建设中出现偏差?应该如何更好地规划数字教材的发展方向?

第三节 数字教材建构的理论探讨

教材是个具有多重属性的复杂物,是学校正规学习不可或缺的教学资源,它对于批量培养社会人才所发挥的作用不可估量。笔者以"数字教材""数字课本""电子教科书""电子课本""电子教材""网络教材"和"多媒体教材"这些意义相近的词汇为主题词搜索相关文献,经过初步筛选,选择近 200 篇中英

文文献作为研究的基础。这些文献有的宏观,有的微观,有的注重理论,有的注重实践。传统上的纸质教材,分属教育领域和出版领域,教材既是教育领域的重要产物,同时也是一类特殊的出版物,要符合出版领域的相关要求。对于数字教材而言,数字信息技术是强势的技术因素,是推进数字教材发展的重要力量。数字教材较之纸质教材,必须考虑技术的视角。目前关于数字教材如何建构的讨论,横跨教育、信息技术和出版三大领域,并且多有交叉。笔者从这三大研究领域分别梳理已有的理论研究成果。不同领域研究者对于数字教材的基本理解和定位不尽相同,这些基本的理解和定位决定了他们对于数字教材如何构建的基本倾向性和根本着力点。必须声明的一点是,按照这三大领域来规划相关研究成果是笔者对于全部文献的基本判断,但是对数字教材而言,大部分研究者都清楚地意识到它是一个跨领域的新生事物,只是大家在研究时各有侧重。因而,在整理这些研究成果时,也难免会出现论点交叉、交融的情况。这也充分说明了,多领域的研究才能促进数字教材的全面完善。

一、教育学视域下数字教材的建构

20世纪80年代,多媒体教材的提出促使我国对数字教材理论研究的兴起。1984年,《课程·教材·教法》杂志第1期上发表了一篇题为"教材仅仅是放在课桌上的书吗?"的文章。一时间,教材的呈现形式问题引发了教育研究者和教材编写者的热议。教育学视域对于数字教材的基本定位是将其划入教材的大概念中,认为数字教材是一种特殊的教材,在教材基本属性的基础上增加了数字化的因素,让教材资源更加丰富。循着这样的基本界定,教育学视角的相关研究对于数字教材建构的讨论,注重教材的教学效果、师生对于数字教材的体验、数字教材对于纸质教材的延伸和改进等方面。

(一)教育学视域下数字教材的基本定位

数字教材的雏形诞生于纸质教材多样化建设的尝试中,那时的数字教材本身并没有自成体系,而是作为教材的辅助或附属资源出现的。在数字教材研究的初期,人们非常重视数字教材的多媒体特性,我们看到学者对它的定义都是围绕多媒体性状描述的。如，多媒体教材是指利用多媒体计算机、采用多媒体技术制作和播放的教材。① 早期的电子教材仅是电子化的纸质教材，即采用光盘或网络作为教材的载体，用多媒体技术来丰富教材内容及表现形式。② 徐友良等认为，多媒体教材可以有狭义和广义的理解。狭义的多媒体教材即"利用现代计算机和网络技术，以文字、图像、声音、视频以及虚拟场景等多种媒体有机结合，来呈现教学内容的电子化教材"，广义的教材则包括音像教材（光盘）、多媒体课件、计算机辅助教学软件、计算机辅助学习软件等多种类型。③

至今数字教材的概念还没有统一的界定。对于电子教材、数字教科书、电子课本抑或数字教材等，没有精准的区分，基本视为同义词。2010年以后，研究者渐渐注意将数字教材的定义尽量回归到教育领域、教材的范畴中来。庄科君等认为，电子教材是依据一定的教育教学原理，根据教学大纲的规定，以数字信息技术为工具开发的、有助于教师和学生开展课程活动过程的系统化的多媒体教学材料。并且由于电子教材在呈现上借助了信息技术，因而具有知识表达的多媒体性，实时交互性和动态更新性。④ 毕海滨等对数字教材所下的定义为：符合国家课程标准，在纸质教材内容的基础上，嵌入丰富的教育资源，能够在多种媒体上运行的一种新型数字化产品。⑤ 吴永和等对数字教材的概念、属性、特性和功能进行了分析，明确了数字教材的内涵：电子课本是一个集中了学校中的教学和学习领域里的数字媒介（有在线和离线媒体的优势），将教学需要的教材、教辅、工具书等按照科学的结构整合而成的综

---

① 任松跃. 多媒体教材的制作与使用 [J]. 中国电化教育，1996 (12)：49-52.
② 陈桄，龚朝花，黄荣怀. 电子教材：概念、功能与关键技术问题 [J]. 开放教育研究，2012 (2)：28-32；周琼. 多媒体电子课本实现学习开放化 [J]. 开放教育研究，1998 (5)：34-36；孟洪兵，周鹏. 电子教材的认识与实践 [J]. 塔里木农垦大学学报，2001 (3)：35-37.
③ 徐友良，肖鹏. 论多媒体教材与立体化教材的概念及分类 [J]. 当代教育论坛（综合研究），2011 (9)：15-16.
④ 庄科君，贺宝勋. 基于首要教学原理的电子教材的设计研究 [J]. 现代教育技术，2012 (4)：21-24.
⑤ 毕海滨，王安琳. 数字教材的特征分析及其功能设计 [J]. 科技与出版，2012 (7)：13-15.

合教学资源包。① 杨万里认为电子教材是电子书包衍生出的概念,是电子书包的内容部分。他还指出电子教材应具有电子出版、电子学习、电子学具、电子商务等功能,由网络教材、泛学习资源、用户创作资源三个部分组成。② 针对数字教材概念界定更多突出技术的功能与作用,而缺乏对其育人价值的挖掘,闫君子等人表示应当从教材的一般属性以及数字教材的信息技术特性两个层面加以理解,提出数字教材是体现党的教育方针和国家意志的教材,也是促进学习者个性发展的智能化学习系统。③ 通过上述界定可以看出,数字教材的教育属性已经得到了研究者越来越多的重视。

数字教材自然地带着教学的标签,即使将数字教材基本列入电子书或者教育技术研究范畴的学者,也都不会忽视数字教材的教学特性。他们说,数字教材作为一类面向教育教学的特殊电子书,在内容设计、软件功能、硬件特性等方面都更加强调教学属性。④ 比如,数字教材的内容设计要遵循学生阅读规律、有利于开展学习活动、符合课程目标要求;⑤ 数字教材不仅具备基本的阅读支持工具,还包含教学与学习支持工具;为保证教学活动的顺利实施,数字教材的终端设备应具有更强大的数据处理能力、更丰富的媒体表现与渲染能力以及更自然的人机交互方式。对此,有研究者指出小学数字教材兼具教育、技术、出版属性,其中教育属性是最根本的,它不因数字教材的形态、功能而改变。⑥ 但是,在教育视域下,对于数字教材如何建构才更符合育人目标要求,如何才

---

① 吴永和,杨飞,熊莉莉. 电子课本的术语、特性和功能分析[J]. 现代教育技术,2013(4):5-11;吴永和,马晓玲,杨飞. 电子课本出版与生态发展的阐述与研究[J]. 远程教育杂志,2013(1):17-28.

② 杨万里. 基于探究、合作、创新教育理念的电子教材研发[J]. 课程·教材·教法,2012(12):41-46.

③ 闫君子,张家军. 数字教材的概念诠释与功能剖析[J]. 教育科学研究,2022(4):47-52,58.

④ 祝智庭,郁晓华. 电子书包系统及其功能建模[J]. 电化教育研究,2011(4):24-27,34.

⑤ 黄荣怀,张晓英,陈桄,等. 面向信息化学习方式的电子教材设计与开发[J]. 开放教育研究,2012(3):27-33.

⑥ 王志刚,沙沙. 中小学数字教材:基础教育现代化的核心资源[J]. 课程·教材·教法,2019(7):14-20.

能更有利于学习活动展开等问题,研究者却没能从理论上给予完满答复。

(二)教育视域下数字教材研发构想

教材是一个应用性很强的教学用品。纸质教材的编写、研究、出版经过一百多年的积淀,形成了一套相对固定的技术流程。如何组建教材编写队伍,如何选用教材内容,如何控制出版质量等问题,已经在实践领域得到了充分的总结和印证。而数字教材这一新事物,遵循了实践先行的探索策略,关于如何构建数字教材的设想也十分丰富。

张勤坚认为,数字教材的开发,"首先是观念的改变,必须运用全新的教育思想与观念去设计,然后才依次是内容、表现形式的选择"。① 张增田等人也认为需要充分把握数字教材的教材属性,理解教材在课堂资源体系中的特殊性,并将这种认识迁移到数字教材的开发设计中,提出应以教科书意识引领数字教材的开发,强化数字教材开发的目的意识、标准意识和边界意识,将"育人"作为教材开发的出发点和追求,精选教材内容,传承优秀文化,重视学生与教材的有效互动,并为教师留出自主教学空间等。② 庄科君等将电子教材定位为一种隐含了课程活动的教学材料,建议以首要教学原理为指导,遵循以下原则:在呈现知识信息时应充分考虑并整合相适应的教学策略,配以恰当的任务或问题来呈现教学内容或信息。继而他们提出了基于首要教学原理的数字教材开发流程(详见图1-1)。③ 康合太等在设计和开发第二代"人教数字教材"时,总结出了一些基本的开发原则,包括教育性、科学性、集成性、交互性、实用性、个性化和经济性。④ 有一些研究则强调,数字信息技术应以教育需求为指导而不是简单应用。例如,潘英伟指出电子课本的教学

---

① 张勤坚. 对中小学音像电子教材建设的几点看法[J]. 中国电化教育, 2001(2): 47-48.

② 张增田, 陈国秀. 论数字教科书开发的未来走向[J]. 课程·教材·教法, 2021(2): 37-42.

③ 庄科君, 贺宝勋. 基于首要教学原理的电子教材的设计研究[J]. 现代教育技术, 2012(4): 21-24.

④ 康合太, 沙沙. 数字教材建设的探索与实践——以第二代"人教数字教材"为例[J]. 中国电化教育, 2014(11): 80-84, 100.

设计应探索如何运用新技术改善教师的教学方式和学生的学习方式，提高课堂教学效率；① 邓文虹认为电子教材的研发要以教育技术学为指导，强调促进学习、关注提高成绩、提倡有合适技术支持的教学过程与教学资源的研发，遵循服务教育、关注效益、强化优势、注重需求、系统服务等原则。②

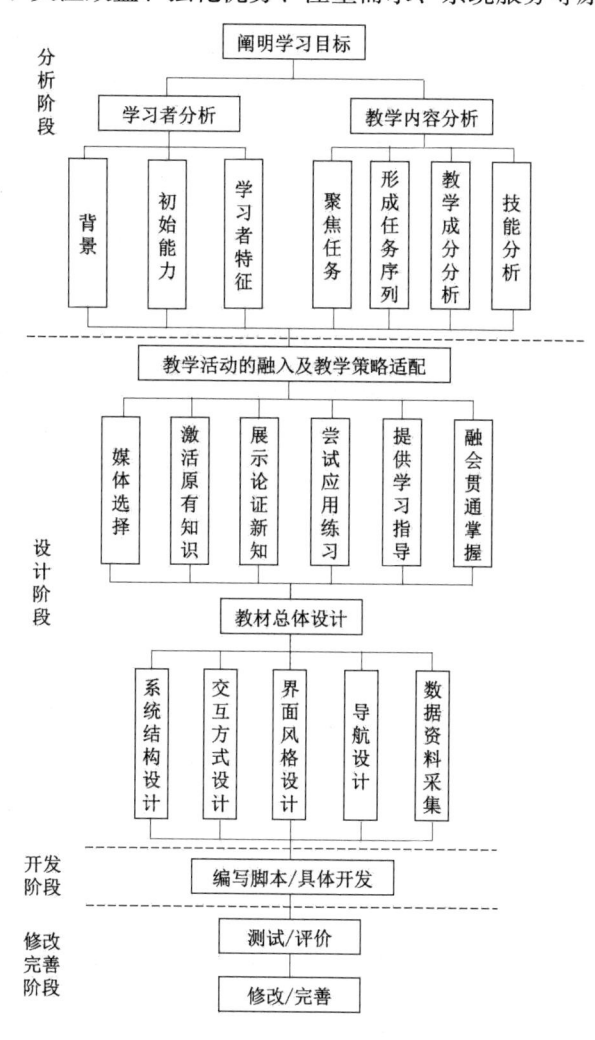

图 1-1 基于首要教学原理的数字教材开发流程

---

① 潘英伟. 电子课本解读 [J]. 出版广角，2007（8）：55-56.
② 邓文虹. 电子教材研发的思考与实践——以人教版电子教材的研发为例 [J]. 课程·教材·教法，2011（12）：32-36.

国外的相关研发经验也引起了国内研究者的深入思考。孙立会等总结了日本数字教材研发、实验的经验，指出应积极面对信息化大潮给我们带来的影响，但不能只将目光投注在电子教材的硬件建设与软件的开发上，而应从人的角度来考虑如何让数字信息技术促进教育教学。必须转变传统的教育观念，用数字化时代的思维去思考数字化时代的教育教学。并且我们也要牢记教育的本质是人的发展，学生是人而不是机器，学生的成长是一个缓慢的过程。绝不能用科技来"催化"，更不能用非理性主义进行"升级换代"。相比"取代"，数字教材与纸本教材的"混合"才是正确的发展道路，并且应大力创新正确使用电子教材的教学方法。[1] 张德成在比较中美电子课本资源之后，建议在注重教学内容丰富的情况下，强化主题学习资源的建设，拓展学生的知识面和思维能力，面向学生学习特点及特殊人群的需求，注重个性化资源建设。[2] 林琳等关注到教学中的人与物的关系，即教师、学生和教材的相互制约关系，借鉴美国精品电子书设计制作的优势经验，指出我国开发电子教材过程中需要针对我国学生的实际特点，结合教师的授课习惯，再融合国外电子教材的有利因素，做到张弛有度，切忌盲目模仿。[3]

不同于一般电子书或数字化产品，数字教材作为教材，还沿袭了部分纸质教材的重要属性，比如一定要体现国家意志等。考虑到数字教材的"教材"特征，很多研究者坚持数字教材不能完全摒弃纸质教材的内容、体系、编写的初衷等。杨青指出数字教材的需求还应立足于当前课程改革实践对教材发展变革的需要，并着眼于未来信息化社会发展对人才的培养需要。[4] 在数字教材的开发实践中，第二代"人教数字教材"的开发是以国家课程标准为依据，以人教版纸质教材为蓝本的，与此类似，创而新与科大讯飞开发的数字教材、

---

[1] 孙立会，李芒. 日本电子教科书研究的现状及启示［J］. 课程·教材·教法，2013（8）：111-117.

[2] 张德成. 中美电子课本学习资源建设的比较研究［J］. 中国电化教育，2013（12）：74-77.

[3] 林琳，王朋娇. 美国精品电子书对我国电子教材设计制作的启示［J］. 中国信息技术教育，2014（17）：100-102.

[4] 杨青. 初中英语网络教材的需求分析及编辑思路——以人教版《英语（新目标）》网络教材的开发调研为例［J］. 课程·教材·教法，2011（10）：64-69.

湘教版小学英语数字教材、步步高电子教材研发项目也是以纸质教材为蓝本而开发的。① 国家课程的纸质教材出版，都是以国家课程标准为依据的。而目前国家层面并没有专为数字教材设定的课程标准。赵志明等主张，国家应通过与新技术联手，制定数字环境下的教材课程标准，并与用户兴趣、需求、认知能力相结合共同指导数字教材的开发。② 这一建议指出了进行数字教材上位研究的必要性。

随着数字教材的使用推广，数字教材的教学适用性得到了研究者的普遍关注。石娟等人从知识适切性、技术适合性、主体适应性三个维度对数字教材研制的现实困境和未来进路进行了探讨，认为数字教材要注重完善知识呈现方式，既要防止技术的过度介入，也要使数字资源与数字化知识间保持必要的张力；要不断拓展技术之于数字教材的契合度，既要关注传统教育、心理学理论与先进技术之间的匹配度，也要考虑技术嵌入对于知识教学的适用性；同时还要兼顾教师的教与学生的学，立足主体的需求、接受度、能力素养等，将数字教材打造为教师适教的资源和学生乐学的材料。③ 另外，对于教师和学生两种用户的不同需求，一些研究还认为数字教材可根据使用者和功能不同分为不同版本。人教版《英语（新目标）》网络教材分为学生版和教师版，学生版主要满足学生在课上和课后使用，教师版主要给教师提供备课参考④；外研社研发的"iEnglish 基础教育数字教材"也包括教师版和学生版⑤；毕海滨等也赞同数字教材需要区分为教师版和学生版，教师版整合教学

---

① 黄永华. 基于"交际化、任务型、自主学习和合作探究"教育理念的数字教材研发与设计——兼谈湘教版小学英语数字教材的理念与模块功能 [J]. 中国信息技术教育，2014（7）：99-104；潘慧玲. 基于步步高电子教材研发项目的教学设计研究 [D]. 上海：上海师范大学，2012.

② 赵志明，吕蕾. 论数字教科书知识选择的"国家定义"与"个人定义" [J]. 湖南师范大学教育科学学报，2014（2）：63-67.

③ 石娟，石鸥. 数字教科书研制的适用性困境与进路思考 [J]. 课程•教材•教法，2021（8）：51-55.

④ 曲秀芬，陈力. 网络英语教材的优势及其教学中的实现——兼谈《英语（新目标）》网络教材的特点和使用 [J]. 课程•教材•教法，2012（12）：24-28.

⑤ 宋洁青. 数字教材：教育信息化的重要手段之一——兼谈中小学数字教材的研发 [J]. 中小学信息技术教育，2014（3）：25-26.

目标、教学建议、教学课件、教学案例、电子教具等模块,学生版则以课本内容、背景知识和数字游戏等模块为主。① 两版电子教材的内部系统结构如图1-2所示。徐友良等按照学习功能的侧重认为多媒体教材有自学型与授课型两种,其中自学型数字教材承担教师的角色,而授课型多媒体教材最好是分学生版和教师版两种类型,教师用的侧重于指导教学,学生用的侧重于指导学习和巩固所学。②

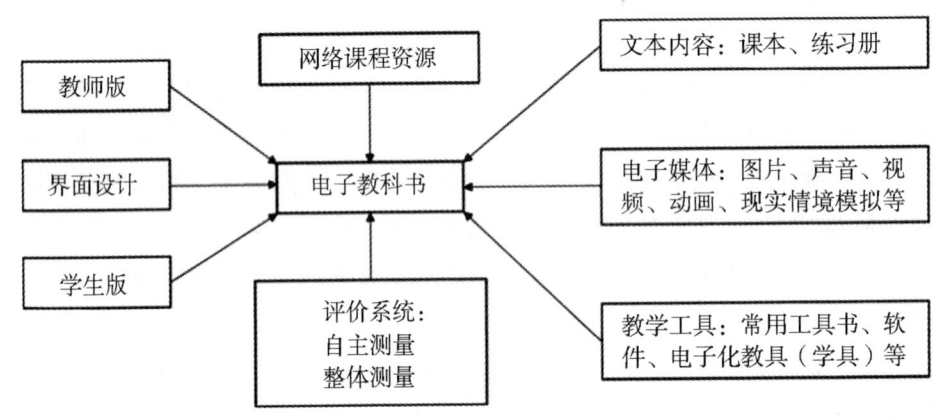

图 1-2　电子教科书内部系统结构

综上所述,教育视域中关于数字教材构建有基本的共识:数字教材应延续教材的教育性和教学性,体现它的教材属性。数字教材的研发应基于课程标准建设,反映国家意志,注重资源的建设、师生不同的使用偏好等。可以说教育视域中的数字教材对于教材的教学属性给予了很大的关注,但是对于数字教材的讨论有些就事论事之嫌,并没有把数字教材放在整个教材发展的过程中来看,而是把它的出现当作理所当然的既成事实。关于为什么要构建数字教材,数字教材是否必要,需要它解决哪些教学问题,这些基本问题都没有涉及。仅概括指出数字教材要遵循一定的教育教学规律,但是对于数字教材与课程目标、与学生和教师的基本关系及立场问题并没有作深入探讨。

---

① 毕海滨,王安琳. 数字教材的特征分析及其功能设计 [J]. 科技与出版,2012 (7):13-15.

② 徐友良,肖鹏. 论多媒体教材与立体化教材的概念及分类 [J]. 当代教育论坛 (综合研究),2011 (9):15-16.

而这些对于数字教材的建构是具有方向性指导意义的。应该说，如果数字教材失去了教学的属性，就失去了其发展的根基。对此，有研究者指出："我们追求的永远是教科书的质量、教科书教学效果的最优化，而不是教科书技术水平的最高化。"[①] 但遗憾的是，人们只是把数字教材作为纸质教材的翻版，热衷于它的资源丰富性、功能多样性等实践开发问题，对于有关数字教材的基本理论问题明显关注不足。

二、信息技术视域下数字教材的建构

信息技术视域下的数字教材，带有明显的"技术"隐喻色彩，通常会将数字教材作为一种技术产品研发，认为数字教材是"软件""系统"或"智能环境"。笔者将这些对于数字教材的定位置于信息技术视域中。

（一）信息技术视域下数字教材的基本定位

在多媒体教材时期，研究者认为电子教材是一个具有多媒体功能的单一电子产品。电子教材将各种声音、文字、图片和影音文件集于一体，使得传统纸质教材和教学手段中难以实现的实验和动态演示过程得以轻松实现，有助于帮助学生对重点、难点加以理解，并留下深刻印象。[②] 王炜波等人提出，电子教材是基于数字化多媒体技术、具备教学交互功能及系统化知识体系的教学软件。[③] 后来，随着信息技术的不断发展，数字教材可以实现的功能越来越多，越来越复杂，人们趋向于将数字教材从单一产品扩展为一套系统或者一个更宏观的教育环境。如，项国雄在 2005 年提出，开发一种整合课件与网页的教学软件，它是一种以数字信息技术为工具开发的、超越时空的多媒体教材，具有字、音、形、色、义等的合成性、动态性及可再生性等特点，其

---

① 王润. 数字教科书作为教学文本：价值与限度 [J]. 课程·教材·教法，2019（6）：63-68.

② 徐行，刘建平. 电子教材成果的评价 [J]. 西安航空技术高等专科学校学报，2003（3）：24-25.

③ 王炜波，肖荣璐. 职业教育电子教材（课件）评价指标体系的设计 [J]. 中国职业技术教育，2005（22）：20-22.

目的在于构建一种网络化的学习环境，最大限度地利用计算机和网络的优势实施教学活动。① 同样持教学系统观点的还有李林和胡畔等人。李林等人认为，电子教材是以数字信息技术、多媒体技术为基础开发的教学系统。它把电子教材、学习资源、虚拟教具、虚拟学具、学习服务、学习终端等几个方面有机地融合成一个教学系统来满足无所不在的学习需要，支持广大教师、学生和家长反复使用。② 胡畔等人给出的定义较为简洁：数字教材可看作是以内容（资源）为中心，以阅读与学习软件（工具）、学习终端（设施）及网络服务（平台）为支持环境的学习系统。

有些学者将数字教材的发展历程以技术表现为标准进行了阶段性的划分，并且细致地指出了每个阶段数字教材的特征。胡畔等人依据数字教材的交互程度、媒体形式，提出数字教材三个阶段的发展形态——静态媒体数字教材、多媒体数字教材及富媒体数字教材，并分析了三种发展形态中数字教材的特征（见图1-3）。③ 他认为静态媒体数字教材以文本、图形、图像等资源为主，人与教材几乎没有交互。多媒体数字教材嵌入了更多的多媒体资源，人与教

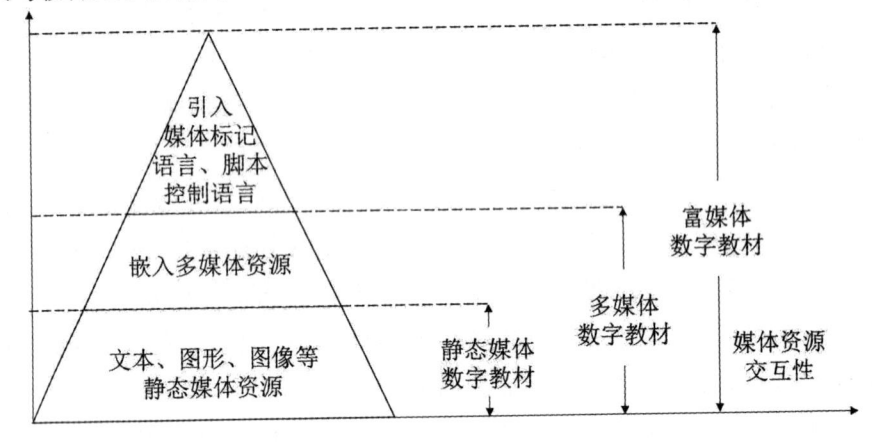

图1-3 数字教材媒体表征分析

---

① 项国雄. 从传统教材到电子教材［J］. 信息技术教育，2005（5）：8-10.
② 李林，王冬，覃文圣，等. 论电子教材取代纸质教材发展趋势的必然性［J］. 中国信息界，2011（5）：42-44.
③ 胡畔，王冬青，许骏，等. 数字教材的形态特征与功能模型［J］. 现代远程教育研究，2014（2）：93-98，106.

材可以实现弱交互。富媒体数字教材引入了媒体标记语言、脚本控制语言，人与教材之间可以实现强交互。如此三个阶段的发展，媒体形式更丰富，功能更趋向智能化，强调人机互动性能。

孙众等将数字教材的发展归结为资源数字化、工具通用化和教材平台化三个阶段①，相应地在"核心""学习资源""满足个性化学习需求及效果""学习活动""技术增进学习效果"和"问题分析"等方面都有不同特点。（详见表1-1）

表1-1　数字教材发展阶段特点的对比分析

	阶段一： 资源数字化	阶段二： 工具通用化	阶段三： 教材平台化
核心	纸质教材的多媒体版	提供各学科通用工具，实现即时测评	成为个人数字化学习空间
学习资源	与纸质教材相同，学习资源少	添加少量扩展资源，学习资源相对较少	建有学习资源库，学习资源丰富
能否满足个性化学习需求及效果	否。按照教材，统一学习步调	部分。如果该电子书中有少量扩展资源，学生可自选阅读，并可利用工具进行个性笔记、批注、测试	可以。资源库有大量资源，是否真正支持个性化学习，要看资源的推送机制
学习活动	与纸质教材相同，活动组织和学习策略主要靠教师提供	多为支持阅读、测试等各学科通用的课堂学习活动，且活动形式较单一	有投票、讨论、小组等活动。但是否有与学科目标结合、与当前学习内容相结合的有效学习活动，需具体分析

---

① 孙众，骆力明. 数字教材关键要素的定位与实现［J］. 开放教育研究，2013（4）：60-67.

续表

	阶段一： 资源数字化	阶段二： 工具通用化	阶段三： 教材平台化
技术增进学习效果	少。除多感官刺激外，与传统课堂相同	部分。多是达成记忆、理解等浅层次认知目标	可以。但技术对于特定学科及学习者个性化学习需求的促进效果，需具体分析
问题分析	把"用教材学"等同于"学教材"，新瓶装旧酒	把学习等同于阅读加考试，即刺激反应式的被动接受学习	建起一对一个人数字学习空间。深层学习不会在先进技术环境下自动发生，需具体分析

董剑桥等则将课本教材的媒体变革归结为印刷范式的课本教材、视听说电子教材、超媒体交互性教材、数字化网络教材四种形态，四种形态的特点详见表1-2。[①]

表1-2 课本教材的变革历程

形态	核心	特点
印刷范式的课本教材	纸质教材	物理形态具有线性、等级特性；从传递的信息内容上看存在预制性、固化性、封闭性、单一与平面等问题
视听说电子教材	以传统的电教媒体为信息承载物的电子教材	形态包括教学幻灯片、教学录像片、教学电影片、配套录音教材等；具有直观性、生动性；仍是线性结构，教师仍只能被动地使用现成的固件，排斥交互与受体参与
超媒体交互性教材	具有非线性网状结构、可实现对多种形态的信息随机通达的多媒体教材	物化形态通常为磁盘或光盘；具有可选性、集成性、无关性等特点；但不能实现人机交互，超链设计总是有限的，不具有开放性

---

① 董剑桥，陆云云. 论信息技术对教材改革的影响 [J]. 教育发展研究，2002（3）：79-81.

续表

形态	核心	特点
数字化网络教材	可供网络环境中使用的电子教材	具有可在网络中运行的辅助教学课件和分类组织的课程教学网页两种基本形式；除了具有超媒体特性外，还具备实时共享、动态交互、自主开放等网络特性；强调学生自学，对课堂施教行为支持不多；存在技术依赖性、数字鸿沟问题

毕海滨等认为数字教材的发展之路应该遵循"局限于内容电子化的电子课本—为电子课本提供在线学习工具和在线教学服务的数字教材—提供教材内容深度挖掘加工和高附加值的增值服务的嵌入式数字教材"的顺序[①]，其中也充满了对数字功能不断强化的追求。郭利强等人在论及传统教材向数字教材转型的问题时，也强调在数字教材的功能设计上，应严格遵循应用软件工程的思想和技术，将信息技术作为教师、学生的基本认知工具，为学生创造自主探索、多重交互等学习环境，调动学生学习的主动性与积极性等。[②]

上述诸多研究显示出信息技术视角对于数字教材的研究，抓住了数字信息技术与纸质印刷技术的区别，将技术视角纳入教材研究的视野，开辟了教材研究的新视域。该领域对于数字教材的研究极力突出教材的技术属性，专注于技术改进、功能提升，注重教材内容的表现形式与信息传递方式，追求媒体功能的强大，力求实现人机更加智能的交互。当然这一视角研究的不足也同样明显。他们对于教材内容本身没有给予足够关注，或者说并没有足够的发言权。教材既有的体系、规范及在教学中的独特价值，几乎没有进入该领域研究的视野。同时过于关注人机交互功能的实现，而缺乏对于课堂整体教学适用性的考虑。过于强调技术系统的统整，有用技术来统摄人的倾向。同时数字教材提供的一些资源，有替代教师的教学工作的倾向，将课堂教学活动简单理解为信息的传递活动。尤其基础教育阶段的课堂学习，学生需要

---

① 毕海滨，王安琳. 数字教材的特征分析及其功能设计[J]. 科技与出版，2012（7）：13-15.

② 郭利强，谢山莉，范慧圆. 传统教材向数字教材转型：动因、障碍及实现路径[J]. 课程·教材·教法，2022（7）：36-41.

形式丰富的人与人之间的即时互动、对话，才能实现知识的获取、情感的体悟、习惯的养成等。目前，关于数字教材技术的研究已经开始注意到与学科内容的密切配合，比如开发更多学科适用和学科特色的教学工具、虚拟学具。这是数字信息技术与现有教材体系深入对话的良好开端。

（二）信息技术视域下数字教材研发构想

信息技术视域下的数字教材，其基本定位是软件、系统或者环境，呈现了技术产品思维占主导的特点。研究者将研发技术产品的流程套用在数字教材的研发过程中，遵循前期需求分析—产品设计—产品制作—效果评估的基本模式。例如，吕永林将网络教材的设计分为四个阶段：设计阶段（确定教学对象及特点，确定教学内容，决定开发所需的软硬件，组织数据、资料，优化教学结构和教学方法）、开发阶段（选择教学构件、设计教学策略、创设教学情境）、传输阶段和维护阶段[①]；黄荣怀等提出面向信息化学习方式的电子教材开发过程模型，包括需要分析、学习分析、媒体开发、作品发布四个阶段（见图1-4）[②]，具体来说，在内容分析、学习者分析的基础上绘制知识图、设计学习路径，用户体验设计围绕产品原型多次迭代进行，在作品原型通过审定之后，进行批量的媒体制作、内容封装和作品发布；李世明提出了网络教材设计开发的基本过程分为系统分析、设计开发、整合调试、实施教学、维护这五个阶段[③]；赵伟琼认为电子教材融合了教材内容和阅读软件载体两个方面，其研发主要集中在教学设计和媒体开发两个阶段，而整体的设计流程大体可分为教学设计、中期制作、后期测试评价三个环节[④]。

---

① 吕永林. 关于网络教材设计的几点思考 [J]. 中国电化教育，2002（6）：49-50.
② 黄荣怀，张晓英，陈桄，等. 面向信息化学习方式的电子教材设计与开发 [J]. 开放教育研究，2012（3）：27-33.
③ 李世明. 网络教材的设计和开发 [J]. 科技信息（科学教研），2007（33）：491，505.
④ 赵伟琼. 基于移动学习的交互式电子教材的设计与开发 [D]. 成都：四川师范大学，2014.

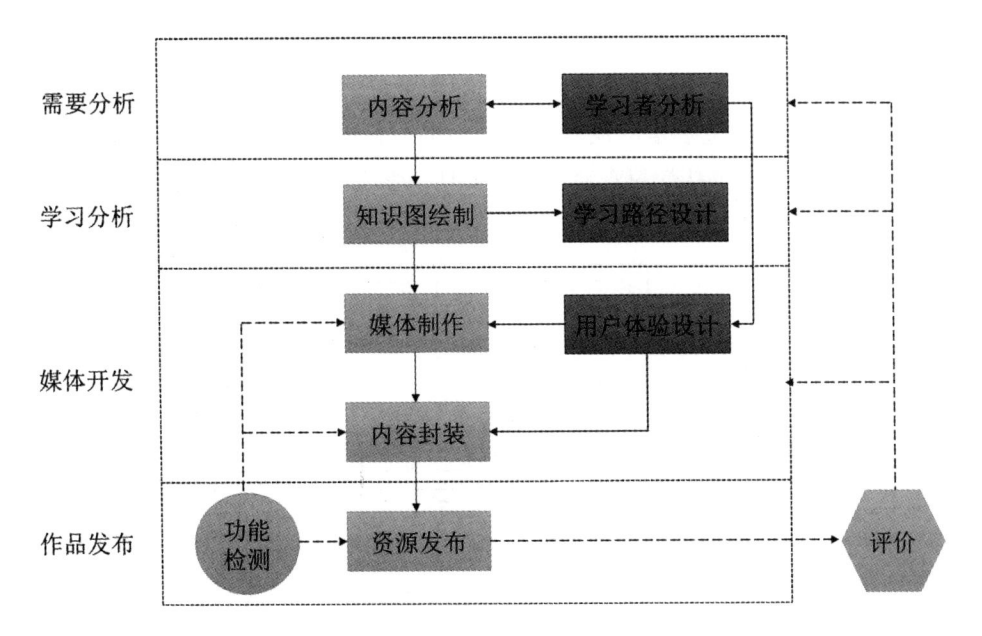

图 1-4　面向信息化学习方式的电子教材开发过程

有研究者关注到了教材使用者的"需求"。虽然需求分析一般带有明显的数字产品设计的意味,但是在教材研发中重视人的因素,体现了对教材教育属性的尊重。而随着互联网思维对各领域的渗透,对于数字教材的思考也受其影响。周晓明指出电子教材设计应从之前追求满足学习者的知识需求和内容需求,逐渐转变为关注从用户体验的角度设计数字教材。[①]

数字教材与纸本教材的一个重要区别在于媒体表达更加强大,提升数字教材媒体表现力和相关功能的设计是信息技术的专长,也是技术视域中数字教材研发的重点内容。陈桄等从教育教学应用情景角度分析,指出电子教材的功能应从结构化呈现、媒体可操控性、笔记功能、作业功能和管理功能五方面考虑。[②]

从组成要素的角度,胡畔等从支持教与学的角度出发,构建了一个以数

---

① 周晓明. EPUB 格式电子教材用户体验模型设计研究 [D]. 大连:辽宁师范大学, 2013.

② 陈桄, 龚朝花, 黄荣怀. 电子教材:概念、功能与关键技术问题 [J]. 开放教育研究, 2012 (2): 28-32.

字教材内容为中心，以教学工具、硬件设施及网络平台为支持环境的数字教材功能模型（见图1-5）①；创而新公司依据实际工作，总结提出了一个交互式数字教材开发的"金字塔"模型（见图1-6），包括富媒体层、知识库层、社区化层②；而孙众等从学习资源、学习工具、学习活动库、人际交流网络及按需生成个性化数字教材等五个关键要素对网络教材的功能特性进行了分析③。

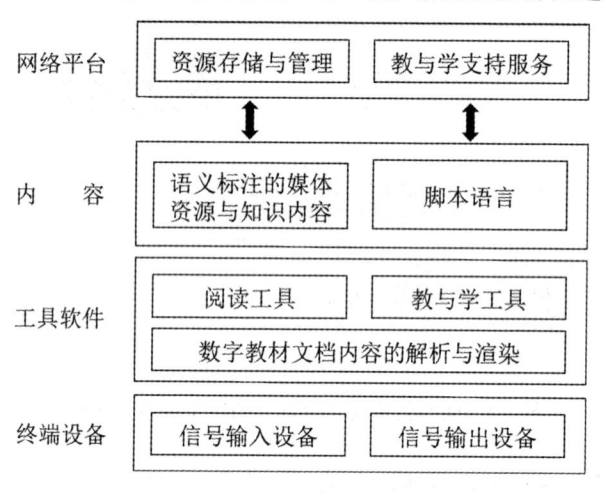

网络平台	资源存储与管理	教与学支持服务
内容	语义标注的媒体资源与知识内容	脚本语言
工具软件	阅读工具	教与学工具
	数字教材文档内容的解析与渲染	
终端设备	信号输入设备	信号输出设备

图1-5 数字教材的功能模型

相较于纸质教材，数字教材中嵌入的媒体使其具备了强大的信息呈现、学习交互功能及用户体验。依据眼动分析技术探究电子课本中不同版面要素对用户的影响的研究发现，多媒体要素是电子课本中最容易引起注意和加工的信息区块。④ 在多媒体结构方面，金振坤认为多媒体教材区别于其他教材的实质表现就是多媒体无固定结构，因此其结构应根据教与学的需要而更迭。⑤

---

① 胡畔，王冬青，许骏，等. 数字教材的形态特征与功能模型［J］. 现代远程教育研究，2014（2）：93-98，106.

② 林君芬，李慧勤，黄海晖. 交互式数字教材：数字化教学资源的新形式［J］. 教育信息技术，2013（6）：3-7.

③ 孙众，骆力明. 数字教材关键要素的定位与实现［J］. 开放教育研究，2013（4）：60-67.

④ 王佑美. 电子课本不同版面要素的眼动行为分析［J］. 编辑之友，2014（5）：89-91，98.

⑤ 金振坤. 对开发多媒体教材的思考［J］. 外语电化教学，1995（3）：25-27.

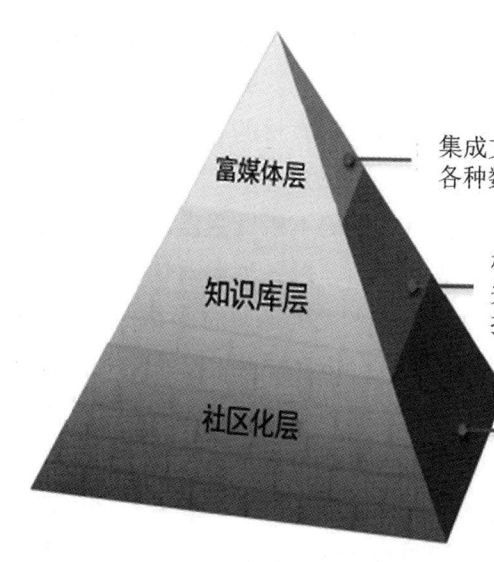

图 1-6　交互式数字教材开发的"金字塔"模型

对于多媒体教材中具体的媒体选择，莫林指出应做到不同媒体有机组合，遵循目标性、大信息量、内容符合、因材施教等原则，才能最大限度地发挥各自作用和整体效果。① 还有一些研究进一步细化了数字教材中文本、声音、图像、视频等不同媒体的研究。如，高晓晶等总结了多媒体教材中文本媒体的特点，指出运用文本应遵循适配性、易读性、艺术性并重的原则。② 杨淑萍研究了多媒体教材中声音的重要性。③ 李丽对数字教材中音乐的选配问题进行了讨论。④ 沙沙以人教版数字教材为例，对十年来数字教材中插图的演进历程做了介绍。⑤ 胡海关注到视频媒体的运用，指出应把握视频媒体的特性，选好视频运用的时机；把握以教学为中心的原则，使视频的拍摄和制作符合教学需要；把握多媒体教材中视频处理的特性，提高视频质量；把握多媒体教材整

---

① 莫林. 多媒体教材中媒体的选择原则 [J]. 现代远程教育研究，2001 (1)：31.
② 高晓晶，肖丽. 文本在多媒体教材中呈现规律的探讨 [J]. 信息技术教育，2007 (2)：62-63.
③ 杨淑萍. 关于多媒体教材中声音问题的探讨 [J]. 中国教育技术装备，2009 (12)：26-27.
④ 李丽. 多媒体教材中音乐的选配 [J]. 中国电化教育，2001 (11)：43-45.
⑤ 沙沙. 我国基础教育数字教材中插图的演进 [J]. 科技与出版，2013 (12)：83-85.

合的特点,保证视频与教材整体的一致性。① 虽然上述对数字教材中媒体设计的研究主要集中在以课件、视频等为主要形态的时期,类似研究近期渐渐淡出了数字教材研究的视野,但是单个媒体作为数字教材的基本元素,关于它们的研究仍具参考价值。

技术取向的数字教材建构,为数字教材功能的不断增强做出了不懈的努力,增强了教材作为教学内容载体的自表达能力,以各种形式让学习者与教学内容直接对话。但这种技术努力中过分强调了人机互动的重要性,看似为人的学习服务,却有让机器控制人学习的方式、方法之嫌。如果这种趋势逐渐蔓延,课堂教学将屏蔽人与人之间的复杂互动,让机器代替教师,让机器程序控制、替代了学生的思维生长过程。这无疑会破坏原本生动、充满即兴生成的课堂教学过程,教学过程中的人文关怀也被去除了。如果教学中缺少了教师多样的教、学生多样的学,教学变得程序化、僵化,那么教学就丧失了根本意义,教材从教学的支持资源变为了教学的掘墓人,这是数字教材最应警惕的发展趋势。

三、数字出版视域下数字教材的建构

信息技术进入出版领域,出现了电子书,它和纸质书构成了图书的集合。教材是一类特殊的图书,循着这个逻辑关系,将数字教材界定为一类特殊的电子书顺理成章。很多研究者将数字教材划归到电子书的行列,还出于对于出版标准设定的考虑。电子书的出版标准已经有很多研究成果,数字教材也应尽快建立相关的出版行业标准。

(一)数字出版视域下的数字教材概念及特征

将数字教材划归为电子书的研究者更愿意使用电子教材、电子课本这类概念,在研究中着重突出数字教材的阅读功能。他们这样定义数字教材:电子教材是根据教学目的和教学大纲的要求,利用电子多媒体技术编辑开发制

---

① 胡海. 浅谈多媒体教材中的视频运用 [J]. 时代教育(教育教学版), 2009 (3): 5-6.

作的，通过现代电子计算机及网络或专用阅读器进行阅读使用，通过多感官刺激进行识记，主客体互动的电子出版物。①电子教材以互联网为流通渠道，以数字内容为流通介质，包含文字、图像、声音、动画等多媒体形式；以大容量存储空间的数字化电子设备为载体；以网上支付为主要交换方式，是一种具有独立性、原创性、完整性的新型书籍形态。②电子课本是一种特殊的教育专用电子书，是教材电子化或数字化后形成的具有教育教学属性的数字出版物。③电子课本是一类特殊的电子阅读材料，以书包中的课本为隐喻，继承了电子书的主要特性，能够承担教育内容的阅读功能。④

如果以电子书的视角来研究数字教材，那么首先就肯定了教材"书"的属性，即首先要满足阅读的需求。因而在数字出版领域中，我们看到关于数字教材与阅读有关的功能得到了足够的重视，例如笔记、标签、归类等。当然仅仅强调阅读功能的实现还是不够的，与教学融合也是应有之义。作为一种特殊的电子书，数字教材不能仅是传统印刷教材的简单电子翻版，也不能简单加点多媒体要素了事，而应从电子课本的育人功用出发，突出其富媒性、关联性以及开放性等特性。⑤另外，有学者考虑到终端用户的使用，在这些特性的基础上又加入了便捷性。⑥

（二）数字出版视域下数字教材研发构想

数字教材开发与出版领域密不可分，尤其迎合了出版领域的数字化转型

---

① 闫兵. 职业教育电子教材建设的现状与对策研究［J］. 天津成人高等学校联合学报，2005（1）：69-73.

② 王俊宏. 电子教材：信息时代教科书设计的新形态［J］. 中国教育信息化，2011（2）：91-92.

③ 吴永和，祝智庭，何超. 电子课本与电子书包技术标准体系框架的研究［J］. 华东师范大学学报（自然科学版），2012（12）：70-80.

④ 顾小清，傅伟，齐贵超. 连接阅读与学习：电子课本的信息模型设计［J］. 华东师范大学学报（自然科学版），2012（2）：81-90.

⑤ 祝智庭，郁晓华. 电子书包系统及其功能建模［J］. 电化教育研究，2011（4）：24-27，34.

⑥ 杨万里. 基于探究、合作、创新教育理念的电子教材研发［J］. 课程·教材·教法，2012（12）：41-46.

大潮，因而受到广泛重视，也取得了不少研究成果。从操作使用的角度，吴永和等结合电子书与教材的功能，整理出电子课本应具备的细化功能（见表1-3）。①

表1-3 电子课本内容操作/功能

内容操作/功能	从媒体类型及其呈现方式的角度	单页动作	多页动作	内容显示		附带物
纸质课本	文字（汉字、字符、网址）、图形、图像、表格；二维；静态	画线、做笔记	折角	翻书	戴眼镜、放大镜	单面显示、双面显示	笔记本、参考资料等
电子课本	文字、图形、图像、表格、超链接、音频、视频、动画；二维/三维；静态/动态——可控制取放	画线、高亮、注释、创建超链接评论/分享等	书签	上下翻页定位页	放大、缩小、调整视域	单页/双页/多页显示	添加注释或附件、连接到补充材料的链接
对应特性	富媒体性、阅读性	交互性	阅读性	阅读性	阅读性	阅读性	开放性与交互性

顾小清等在需求分析以及与电子课本相关的电子阅读数字化学习标准的分析的基础上，设计了电子课本信息模型（见图1-7），由此定义电子课本的功能结构包括基本操作（插入、标注、标签等基本操作）、连接操作（连接服

---

① 吴永和，杨飞，熊莉莉. 电子课本的术语、特性和功能分析［J］. 现代教育技术，2013（4）：5-11.

务和连接工具）与综合操作（学习地图和富媒体控制）三层。①

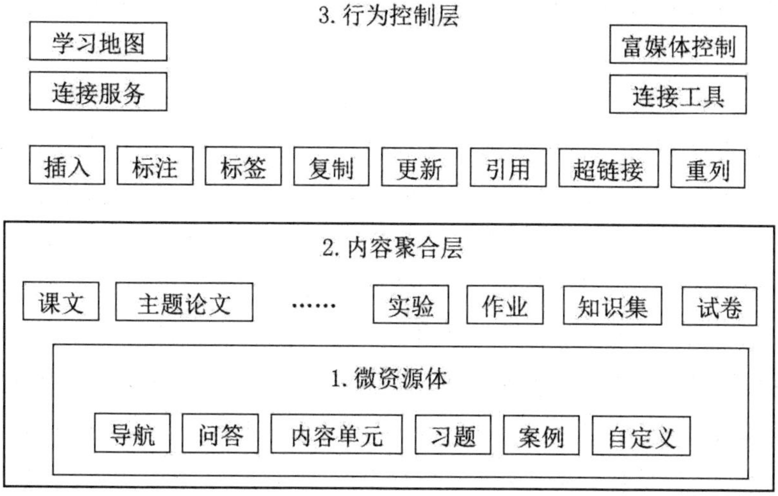

图 1-7　电子课本信息模型

从现有产品所具备的功能的角度，龚朝花等在对多种电子教材产品进行考察后发现了以下共性：在呈现形态方面，具有图书仿真功能，能实现原版原式纸质教材的再现；在媒体类型方面，支持图文混排，提供音视频资源；在笔记工具方面，大部分具有高亮、书签和随文笔记；在作业工具方面，对客观题提供及时反馈；在管理工具方面，大部分提供有网络教材支持的服务系统。他们在调研中也发现了如下需要改进之处：在教材功能上，多数功能并没被师生使用；在使用方式上，教师还是以演示课件为主，学生参与度不高；在教学支持上，对教师个性化备课支持不足，教师难以灵活地增加资源和习题；在访问方式上，实时依赖于网络访问，导致使用者经常因为宽带不够，需要重新登录等。②

一些研究者指出数字教材的设计在突出教育性、技术性以外，还应具有

---

① 顾小清，傅伟，齐贵超. 连接阅读与学习：电子课本的信息模型设计［J］. 华东师范大学学报（自然科学版），2012（2）：81-90.
② 龚朝花，陈桄. 电子教材：产生、发展及其研究的关键问题［J］. 中国电化教育，2012（9）：89-94.

艺术性，通过画面美的艺术形式表现美的内容，达到形式与内容的完美统一，增强教学直观性和生动性。围绕数字教材的艺术设计，相关研究展开了讨论。①

对于屏面的设计，宋凤洲指出合理的设计有助于提升数字教材的艺术品位，教材的制作应具有一致的艺术风格，准确、简明、结构合理的文图布局。② 在色彩方面，宋建华等倡导绿色网络教材，关注色彩引起的视觉疲劳导致视力下降的问题，对色彩的层次、明亮度等提出了建议。③ 甚至还有研究者关注到更加细微的问题，如以字幕为例详细阐述如何设置色彩。关于艺术设计的原则问题，段渭军等认为多媒体教材要将隐藏在教材内容中的美挖掘出来，并以恰当的艺术形式表现出来。④ 史晓娴关注到少儿群体的心理特征、生理特征和认知特征，结合少儿电子阅读器的载体功能，总结出少儿电子教材艺术设计的主要特征、基本方法及设计重点。⑤ 高晓晶等认为应充分利用学习者的认知规律，根据学习者的注意特性，运用文本、声音、图像、动画等各种手段，激发学习者的学习兴趣，使学习者的注意力始终集中在教学内容上。⑥

天津师范大学的众多研究者对于数字教材的画面设计有很多研究成果。他们围绕游泽清创建的"多媒体画面语言学"对其进行了深入探讨。例如，于鹦等认为编写多媒体教材需要采用一种有别于文字语言的"画面语言"。⑦

---

① 李学杰. 运用注意理论指导多媒体教材画面设计 [J]. 中国教育信息化，2011 (12)：59-61；张旭. 多媒体教材的制作与应用 [J]. 职业技术教育（教学版），2006 (8)：57-58.

② 宋凤洲. 多媒体教材制作屏面设计 [J]. 电化教育研究，2000 (6)：54-57.

③ 宋建华，张宇燕，杜爱明. 谈网络教材中色彩的应用 [J]. 中国成人教育，2006 (3)：109-110.

④ 段渭军，房国栋，姜丽. 多媒体教材创作中的审美内涵及把握 [J]. 中国教育技术装备，2007 (4)：29-31.

⑤ 史晓娴. 少儿电子教科书艺术设计研究 [D]. 南京：南京艺术学院，2013.

⑥ 高晓晶，游泽清. 注意稳定性在多媒体教材制作中的应用 [J]. 现代教育技术，2007 (2)：36-38.

⑦ 于鹦，苑志旺，普济. 国内外对"设计多媒体教材"研究的比较 [J]. 中国信息技术教育，2012 (Z1)：36-40.

段永丽则基于多媒体画面语言学，从知识点、知识体系结构、知识点结构三个层次对多媒体教材的画面形式进行了设计。① 游泽清等在大量多媒体教材实践基础上总结出"多媒体画面艺术理论"，细化了 34 条艺术规则。② 对于多媒体教材中的运动画面，游泽清等人指出有序与和谐是其艺术规律所应遵循的指导思想，可借鉴摄影、绘画、影视和计算机动画等领域中的艺术成果，并进一步讨论了蒙太奇艺术规律在多媒体教学领域中的发展。③ 游泽清还对属于画面链接蒙太奇的交互功能在多媒体教材中的应用场合进行了归纳，指出只有当交互功能发展到"学生主动"（即智能化）时，才能真正适应以学为主的教学需求。④

可见，数字出版领域对于数字教材的感官设计尤其重视，包括版式、艺术表现力、多媒体画面呈现规律等。这些是数字教材作为出版物必须要考量的重要因素。但是所有的艺术设计一定是基于一定的内容、功能基础上的设计。内容是形式表现的基石。对于数字教材的构建而言，艺术设计是重要的一环，但并非最核心的环节。

出版领域对于数字教材的讨论，另一个重点集中于将数字教材作为一种电子读物。这种观念从大的种属概念看并无大碍，但是不得不说这一视角只关注了读者—书籍这种简单的信息传递关系，却没有把握住教材主要是为教学活动服务的核心特点。因而，也就遗失了教学活动的另一个重要参与主体——教师。教师如何使用教材？教师不仅阅读教材，而且还会基于个性化的课堂需求对教材进行二次开发。显然在出版视域中，对教材的这一特性没有给予足够的关注。从种属关系上来说，数字教材是一种电子书，必须具有可阅读性。但是如果只把教材用来读就与一般的电子图书没有本质的区别。数字教材可以读，但并不是只用来"读"的。它是师生开展教学活动的资源

---

① 段永丽. 多媒体教材的设计格式研究 [D]. 天津：天津师范大学，2013.

② 游泽清，卢铁军. 谈谈有关多媒体教材建设方面的两个问题 [J]. 中国信息技术教育，2010（15）：91-93.

③ 游泽清，曲建峰，金宝琴. 多媒体教材中运动画面艺术规律的探讨 [J]. 中国电化教育，2003（8）：49-52.

④ 游泽清. 多媒体教材中运用交互功能的艺术 [J]. 中国电化教育，2003（11）：48-50.

支持，是师生课堂互动的桥梁。将数字教材作为读物，作为信息的承载体，将学生作为读者，作为信息的接受体，是以简单化的信息传递思维来概括复杂的教学活动。不充分考虑数字教材的教学适用性，仅强调它简单的阅读功能，将使数字教材难以发挥它应有的教学价值。

此外，还有研究者强调数字教材的研发"不但要考虑内容选择与呈现、技术加工等环节，还须经由编辑、审校、测试等质量控制过程，以及封装、上线、发布等传播过程。同时，版权、定价以及使用过程中的内容和功能更新、技术支持等相关服务问题也需要审慎考虑"[1]。研究者还提出要制定针对性的数字教材出版发行制度[2]，特别关注到了数字教材作为电子出版物的出版流程与规范问题。

四、对当前数字教材建构理论的反思

教材的建构一直以来就是一个复杂问题。关于数字教材是什么（定义），以及它应该如何构建，教育、技术和出版领域展开了丰富的讨论。这些讨论关注点不尽相同，侧重点明显不同，对于数字教材建构的建议也有很大差别。从这些研究中，可以看到研究者试图明确数字教材的教育属性，但是大部分研究者将教材的教育属性作为理所当然的前提条件，并未做出明确深入的理论阐述。教材到底具有哪些教育教学属性，尤其具有哪些独特的属性，很多研究者并没有深入探究。研究者对于数字教材的内涵、标准化建设和产业开发等有了较为全面的关注，并且能够将数字教材的发展与当前国内社会的信息化发展水平，学生学习习惯以及教师教学习惯等进行综合考量，但对于如何推动教材发展的基本原理语焉不详。

可以说数字教材的研究已然成为教育研究的一大热点，但是理论研究仍处于刚起步阶段。甚至有些只为跟随热点的研究已经扭转了研究的方向，认

---

[1] 王志刚. 构建以数字教材为内容核心的服务教育新业态［J］. 科技与出版, 2019 (11): 12-17.

[2] 王志刚, 王润. 中小学数字教材研究 20 年：本土进展与域外考察［J］. 中国教育科学, 2021 (5): 128-143.

为数字教材没有新意可言了。宏观来看，数字教材是数字信息技术蔓延到教育领域的结果，并强势进入教材系统，并非教材自然发展的结果。在我国百余年来的教材发展史中，教材的发展已经彰显出其独特的规律。纸质教材已经形成了相当稳固和成熟的开发、编写、发行模式。数字教材明显受到数字信息技术力量的推进，横空出世。目前关于数字教材的研究主要力量来自教育技术专业，这些研究者较一般的教育研究者在技术的领悟方面有独特的优势，他们对于技术与教育的融合充满信心，认为技术成为融合的主导力量，要基于数字信息技术的优势特性，改造教育内容、教育形式，塑造信息社会中的人。数字教材受技术力量主导的另一项明显证据是，现在关于数字教材的研究基本上基于一种产品研发的模式，无论是探寻教师和学生的使用需求、产品标准和质量问题，还是版权保护及推广发行模式，都不难发现人们将数字教材视作一种普通电子商品的思考模式。客观地说，数字教材受技术力量推动无可厚非，若没有技术手段强行介入教材编制，恐怕纸本教材的百年样貌也难以改变。[①] 目前的研究状况也是一般新鲜事物兴起时的必经之路。然而，单方面的技术力量推动已经暴露出了它的弊端。在技术主导（包括出版领域）数字教材的建构过程中，对于教材在教育中的独特作用，在教学中与教学主体的基本关系没有清晰的定位，有时甚至将教材在教学中的作用简化为对学生的信息输入。数字教材成为学生阅读的对象。教材在教学中的作用被窄化为人机互动。因而，在构建策略上就偏重"数字化"的努力，而缺少"教材"的本质特征。

当前对数字教材的理论研究就事论事，视域不够宽阔。目前很明显地能看到三个不同领域的学者对于数字教材建构的不同研究视角，这也在某种程度上显示出，数字教材还远远没有达到技术、出版、教育三者的"融合"状态。对于数字教材自成体系的一套研发、运作规律还没有达成一定的共识，也就是尚没有形成一套如纸质教材的成熟的编制、出版、使用的系统化流程。虽然数字教材是数字信息技术主动与教材融合的产物，但仍应看到数字教材与纸质教材的关联，用广泛联系的视角将数字教材看作教材发展过程中的重

---

① 牛瑞雪. 我国数字教科书的研究现状、不足与展望［J］. 课程·教材·教法，2014（8）：19-25.

要环节。数字教材在教育领域不是孤立的，它与教育目标、课程和教学，尤其是教育中的人——教师和学生有千丝万缕的联系。如果不能跳出数字教材现状本身，将数字教材的发展与整个教材的发展变迁联系起来，弄清信息、信息技术对于数字教材的根本作用，不把数字教材与课程和教学的变革关联起来研究，那么数字教材的发展就会止步于各种绚烂技术的牵强应用。还需要特别指出的是目前理论研究的不足在于没有对数字教材实践中的真实问题给予很好的回应，没有对数字教材在实践中的不适应症作出系统分析，找到症结所在，理论研究与实践探索"两张皮"。事实上，数字教材的研发已经迫切需要相关理论的介入和引领，勾勒一个完整的数字教材发展框架，给出数字教材未来发展的明确定位。

第四节　研究问题与研究设计

如果从20世纪80年代算起，数字教材在理论和实践方面已经探索了30余年。在开端阶段进展缓慢，到了21世纪初，对数字教材的研究成为热点。无论是国家政策层面的推进还是学者积极对数字教材发展建言献策都显示出人们对于数字信息技术与教材结合的美好预期。但总体而言数字教材的发展与我国整体信息化发展布局一样，奉行的是实践先行的策略，即让数字信息技术成为教材变革的主导力量。在与数字教材息息相关的教育、技术和出版领域，技术领域的主张占据了主导。数字教材的研发如火如荼地进行，不仅传统的出版行业积极进行数字教材编写实验，一些非教育非出版行业的科技公司，因为掌握技术优势，也投入数字教材的研发实践中。可是，当数字教材投入教学实践中，却没有收到预期的效果，反而备受诟病。实践需要理论的指导，然而目前关于数字教材构建的相关理论，均采取了乐观的态度，对实践中的问题关注不够。其中技术领域的数字教材研究占据了主要份额，原本专注于教材研究的教育领域却关注寥寥。查找现有的相关文献，会发现对于数字教材缺少理性的思考,将信息技术与教材融合的合理性视为理所当然。在这种前提下,不知不觉产生了只要是基于数字信息技术的改造就是好的这一错觉,继而对数字教材的建构生发出各种想法。于是,当数字教材在实践中遇到诸种质疑时,发现已有的理论研究无法为实践的发展指明出路。

一、确定研究问题

数字教材研究涉及的领域广泛,至少包括教育领域、技术领域和出版领域。从不同角度研究数字教材问题,对于数字教材的完善与发展十分必要。不过,各个领域对于数字教材在概念表述上已显示出很大差异,而概念的差异反映了人们对于事物本质认识的不同。认识不同,又导致了不同的构建理念和着力方向。数字教材虽然是跨领域的复杂存在物,但是不同领域对其生存和发展的意义是不同的。数字教材究竟应该归根于何处,它到底是怎样的一个事物,它生存和发展的动力是什么?这些问题,需要在理论上系统回答,应对多领域不同的声音。并且,对于数字教材的实践研发已有十余年的历史,但发展现状仍存在诸多共性问题,影响教学的实施效果。数字教材实践探索急需理论的方向引领。明确数字教材的概念和它建构的基本原理对于教材理论建设和教育教学实践发展都十分必要。

(一)研究问题

本研究的核心问题即回答数字教材应如何构建。这是数字教材研究的一个基本理论问题。关于这一问题的回答,我主要基于教育的立场。纵然数字教材的发展离不开教育、技术和出版三大领域的共同努力,但从根本上说,教育领域是教材生存发展的核心领域,教材是为了解决某些教育问题而产生和发展的。与这一核心问题紧密相关的研究必须要回答这样一系列问题:首先,基于教育的立场来看,数字信息技术是否有必要参与教材构建,数字信息技术与教材融合的目的指向在哪里?其次,目前数字教材的建构在实践层面面临诸多困惑,其深层原因是什么?数字教材的核心价值是什么,应以怎样的价值方向来引导数字教材的构建?未来数字教材发展的方向在哪里?研究将基于对数字教材实践的深切关注，聚焦数字教材建构理论。

在探讨数字教材建构理论之前，还有必要在理论上正式确立数字教材的概念。概念是事物本质的基本概括，并且明确核心概念也是任何研究必做的功课之一。很多研究的核心概念都有较为一致的认识，研究者只需厘定核心概念的内涵和外延即可。但本研究中涉及的某些核心概念还处于理论的模糊认识阶段，在实践中其内涵和外延界定不清，还有很多相似概念。辨别相似概念，清晰界定概念的内涵和外延，也即确定研究对象。

（二）核心概念

研究中的核心概念包括数字教材、数字信息技术、教学价值。下面分别对这些概念作出界定。

1. 数字教材

本研究中的教材特指中小学教材。学界关于教材的定义有基本的共识。狭义的教材指的是"教科书"，即依据国家课程标准开发并通过审定供基础教育学生和教师使用的书籍，又称为"课本"。而广义的教材则包括与教科书配套的教师用书、教学用具（挂图、教具）还有教辅材料（练习册、试卷）等。本研究中的教材采用广义的教材定义。主要考虑到对于数字教材而言，因为数字信息技术对于扩充资源容量的优势，很多数字教材都包含了教科书、教师备课资源和学生巩固学习的资源，并且这些部分已经渐渐融合为共通的整体，很难单独探讨作为独立教科书式的数字教材。

现有的与数字教材概念相近的概念较多，包括数字教科书、数字课本、电子教材、电子教材、网络教材、多媒体教材等，有必要做出适当分辨。这些概念均是偏正结构的，"教科书""教材""课本"是中心词，而"数字""电子""网络""多媒体"等是用来修饰中心词的。

先看中心词的细微差别。广义上的教材既包括教科书也包括其他教学参考用书、教辅用书。教科书和课本专指根据课程标准（教学大纲）编写的学科教学用书，"课本"是教科书的别称。综上所述，教材的内涵范围更大，教科书或称课本与教学参考书和教辅材料共同组成了教材体系。鉴于数字教材的特性，选用"教材"这一中心词。

再看修饰词"数字""电子""网络"的不同。从技术层面分析,"数字"和"电子"都是信息存储和承载的方式。"数字"是指信息以数字化形式(通常为二进制)存储和传播,"电子"则是指信息以电子设备为载体,或以电信号方式存储和传播。在信息技术发展的现阶段,"数字"和"电子"二词几乎可以互换使用。但从信息的电子化发展历程看,实际上经历了"模拟"和"数字"两个阶段,并且前者在 20 世纪 90 年代之前在国内还比较常见,但目前以数字方式为主。我们还可以从出版层面分析"数字"和"电子"的差异。《新闻出版总署关于加快我国数字出版产业发展的若干意见》中给定了数字出版和电子出版的定义。数字出版是指利用数字技术进行内容编辑加工,并通过网络传播数字内容产品的一种新型出版方式;电子出版是指以数字代码方式,将有知识性、思想性内容的信息编辑加工后存储在固定物理形态的磁、光、电等介质上,通过电子阅读、显示、播放设备读取使用的大众传播媒体出版形式。[①] 从定义分析,不难看出数字出版和电子出版都要求内容以数字形态存在,但两者的核心差异在于数字出版强调产品形态和传播渠道无实物载体,都是数字化或网络化的,电子出版则强调内容信息存储在固定物理介质之上,比如光盘。有无实物载体是区分数字出版和电子出版的关键。至于"数字"与"网络"两个词的差异,无论从技术层面还是出版层面,数字的涵盖范围都大于网络(网络出版是数字出版的一种形式)。特别是考虑到数字产品的单机应用实际,用"数字"一词限定教材等更为适当。它完全可以涵盖网络出版形式,而且在技术实现上,也可以替代电子形式。

本研究中确定使用"数字教材"的概念,其内涵为:为实现一定的课程目标,采用数字信息技术出版的系统教学资源。

2. 数字信息技术

狭义的信息技术主要是指产生、传播、存储信息的物化形态技术,在实践中还经常被理解为"媒体技术"。而广义的信息技术,指基于信息的一切技术,包括物化和智能形态,物化形态的技术通常是狭义的信息技术,而智能

[①] 新闻出版部署. 新闻出版总署关于加快我国数字出版产业发展的若干意见[EB/OL].(2010-08-16)[2022-03-18]. http://www.gov.cn/gongbao/content/2011/content_1778072.htm.

形态的技术则还包括处理信息的方法。本研究采纳的是广义信息技术的定义。从人类有了交流活动，就出现了信息技术。以信息技术的符号、载体、复制、传播的四个维度的特点作为划分标准，可以将信息技术的媒介作为划分信息技术发展阶段的标志物，如此将信息技术分为口传阶段、手抄文字、印刷、电子和数字时代。① 本研究关于数字教材中运用的信息技术以数字信息技术为表征。其他信息技术发展阶段分列口传信息技术、手抄文字信息技术、印刷信息技术、电子信息技术。数字信息技术特指以 0 和 1 数字信号为信息表征、复制和传播的方式，并且以互联网开放平台作为支撑的信息技术。它是信息社会的标志性产物，在目前的社会变革中起到了领导作用，是本研究的核心关键词之一。

3. 教学价值

价值原意是指事物的用途和积极作用，表示人与对象之间需求和满足需求的关系。价值具有社会性，它产生于人的实践活动。② 教学价值指的是某种事物对于教学活动的作用和意义。数字教材的教学价值，即指数字教材对于教学活动的重要作用和意义。它既包括数字教材对于原有教材本体的意义，能解决哪些存在于教材体系中的固有矛盾，即数字教材的客体教学价值，也包括对于教材的使用者（教师和学生）的作用和意义，能在教材编制层面解决哪些教学过程中师生面临的矛盾或者对于教学中师生主体有哪些独特的作用，即数字教材的主体教学价值。

二、研究框架与研究方法

（一）研究的框架

本研究的核心问题是数字教材应如何构建，研究的基本框架和路径可以

---

① 郭文革. 教育的"技术"发展史 [J]. 北京大学教育评论，2011（3）：137-157，192.

② 宋希仁，陈劳志，赵仁光，等. 伦理学大辞典 [M]. 长春：吉林人民出版社，1989.

参照图 1-8 所示。

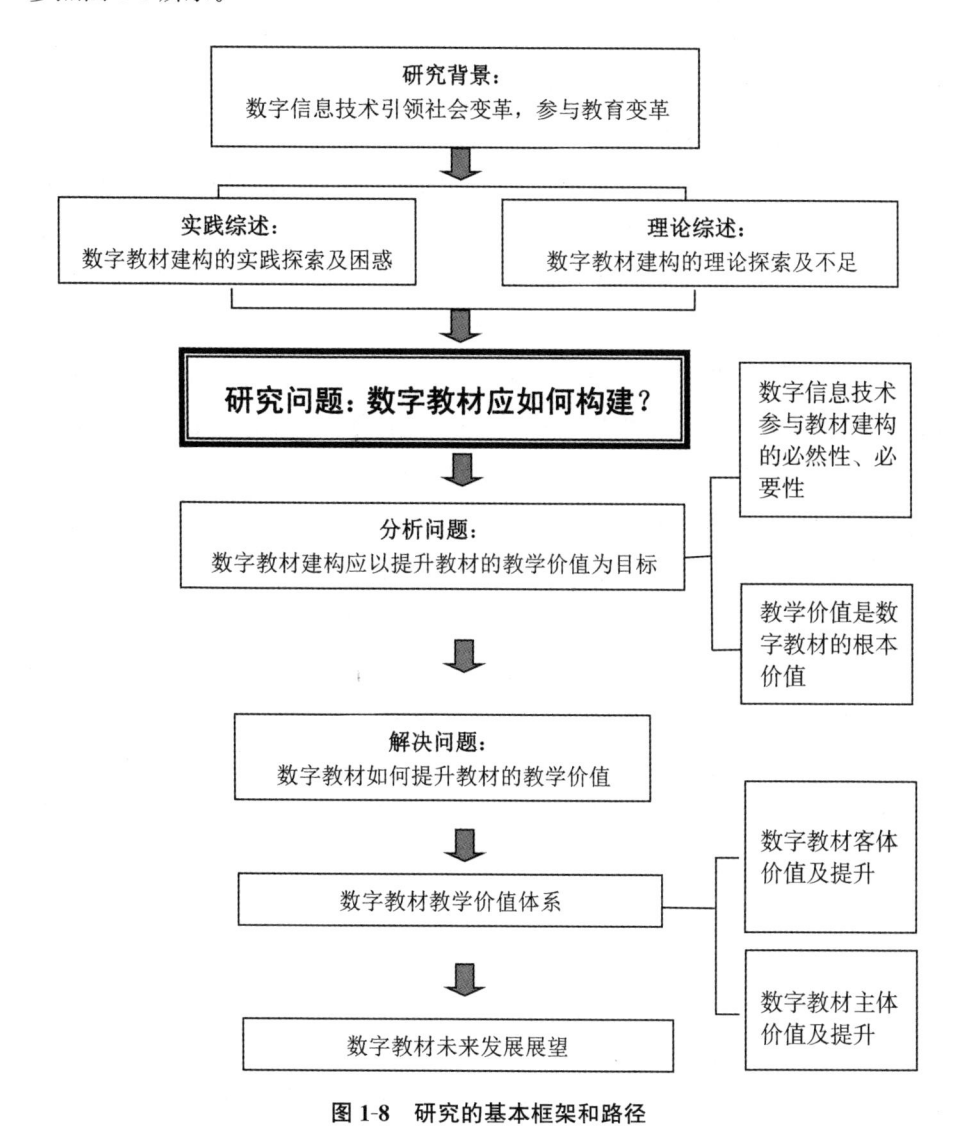

```
                    研究背景：
            数字信息技术引领社会变革，参与教育变革
                         ↓
        ┌────────────────┴────────────────┐
      实践综述：                        理论综述：
  数字教材建构的实践探索及困惑    数字教材建构的理论探索及不足
        └────────────────┬────────────────┘
                         ↓
            研究问题：数字教材应如何构建？        数字信息技术
                         ↓                    参与教材建构
                                              的必然性、必
                    分析问题：                  要性
            数字教材建构应以提升教材的教学价值为目标
                         ↓                    教学价值是数
                                              字教材的根本
                                              价值
                    解决问题：
            数字教材如何提升教材的教学价值
                         ↓                    数字教材客体
                                              价值及提升
                数字教材教学价值体系
                         ↓                    数字教材主体
                                              价值及提升
                数字教材未来发展展望
```

图 1-8 研究的基本框架和路径

研究围绕一个中心论点展开，即数字教材的构建应指向提升教材的教学价值。要论述这样一个问题，需要回答：数字教材的核心价值是什么，也即数字教材应着重实现哪些它特有的价值？数字教材的价值体系是什么，数字教材应如何围绕这一价值体系来构建？这是本研究要回答的核心问题。在研究的核心部分，从信息技术哲学的层面，通过追溯技术融入教育的一般过程，及技术本身的"缺陷"，得出数字教材构建的研究应回归数字教材教学价值的探究的结论。继而以关系价值论及教学论基本原理为指导，梳理了数字教材的价值体系，作为数字教材建构的理论支撑。

此外还有一些与核心问题密切相关的问题。比如，信息技术与教材的结合是否必要？这一问题是本研究开展的前提条件。另外，还有必要对未来数字教材的发展做出展望。总体来看研究的框架，回顾了信息技术参与教材建构的历史，基于数字教材现实发展问题提出解决问题的理论框架，继而对未来数字教材的发展提供参考意见，全面展现了对数字教材研究的历史思维。而针对核心研究问题，基本遵循提出问题—分析问题—解决问题的研究思路。总体来看，研究基于哲学的和历史研究的证据，提出将教学价值作为数字教材构建的目标，并基于数字教材自身的独特性，构建了数字教材独特的教学价值体系，最后观照实践研究，提出未来发展建议。

本研究的题目是指向教学价值提升的数字教材建构，标题揭示了研究的核心问题，即数字教材如何构建的问题，同时明确了研究专注于数字教材构建的目标指向在于教学价值提升，表现为数字信息技术与教材的融合发展。数字教材作为教材家族的一员，其前进的根本动力和方向是不断提升教材的教学价值。数字信息技术与教材的优化融合视角，定位了数字教材在整个教材体系中的发展位置和特殊性，也同时为研究更广范围的教材问题，提供了一种新的研究视角。

（二）研究方法

本研究是关于数字教材建构的理论研究，采取了理论研究的基本范式，即从数字教材的历史发展和现实发展以及已有研究等诸多现象中提取研究问题，在技术哲学、关系价值论、教学论基本原理和课程论基本原理的基础上，明确数字教材的概念，构建数字教材价值体系框架，给出数字教材建构的基本策略，完善了数字教材建构理论。具体而言，第一，关于研究问题的确立。研究基于大量的数字教材研发的实践，聚焦于人们对于数字教材研究的预期与实践效果不尽如人意的矛盾现象，又通过大量的文献研究，发现现有理论不能很好地回应这一问题，存在理论缺失，继而提炼出应该如何构建数字教材这一理论问题作为研究的核心问题。第二，明确确立了数字教材的研究概念。数字教材的概念在使用中较为混乱，近义词颇多。研究基于词义和相似概念的类比、辨析，使得数字教材这一概念具有了清晰的内涵和外延，科学准确。第三，研究的理论框架借鉴了关系价值论的理论基础，以课程与教学论中关于教材、教师、学生的特殊教学关系为理论依据，创造性地构建了数字教材主客体教学价值研究框架。第四，在研究的分析过程中，遵循历史与逻辑的统一，现实与逻辑的统一。通过梳理信息技术参与教材建构的历史，阐述了数字信息技术与教材的融合是必要的，这一结论也是本研究开展的前提条件。在阐释如何提升数字教材独特的主客体价值时，挖掘数字教材在变化发展中面临的课程层面和教学层面的基本矛盾，很好地掌握和运用了事物发展矛盾对立和辩证统一的规律，借助数字信息技术的优势，得出创造性的解决方案。总之，本研究关于数字教材建构的理论，并非专注于操作层面的方式方法或具体采取何种技术等实际应用问题，而是要解决数字教材建构的应然性问题，即着重构建数字教材建构的理论基础，基于这种理论基础，解决数字教材应该如何建构的学理问题。数字教材建构的理论对于广泛意义上的数字教材建构都具有指导意义。

在搜集资料、解决问题过程中运用的具体研究方法包括文献法、访谈和实物搜集等。文献法是贯穿整个研究过程的方法。通过梳理国内外相关研究成果，找到教材研究在理论和实践方面未解决的问题。论文的主体部分都建立在研究者的理论思辨及与其他研究成果的交流和交锋的基础之上。研究中不同程度地涉及了一些数据、案例等内容，这些资料的获取来自访谈和实物搜集。通过访谈国内教材出版权威机构的研发人员，获得关于数字教材发展的最新国内外资料。最后，因研究者工作条件的便利，可以获得某些数字教材的样例，为研究提供了充实的实物证据。

三、研究意义与创新

基础教育教材不是一件普通的商品，它从编写发行到出版都与一般的图书或者商品不同。同样，数字教材也不是一件普通的数字产品，它的研发、使用也与一般的数字产品截然不同。这不同源于教材的本质属性，它是基础教育阶段教师教学和学生学习依凭的核心资源，同时承载着实现国家基础教育课程目标的重任。

研究数字教材出于以下几方面的考虑：首先是回应现实需求，毕竟实践层面的研究已经领先一步，数字教材业已出现，并且很有可能在实践中大有作为，从实践中捕捉这一创新事物，将其提升到理论讨论的层次很有必要；其次，实践对于数字教材的探讨虽多，但是已经出现很多问题，发展方向不明，数字教材要获得深入、长远的发展，需要在理论上明确它发展的根本动力和发展方向；再次，数字教材的出现和发展为既有的教材研究提供了新的内容，数字教材的产生和发展，对于它的上层领域——教材的研究带来了新的贡献。具体而言，数字教材研究对于教材整体研究有如下几方面的意义。

（一）研究意义

1. 教材研究意义重大

教材是人类传承文化知识的重要工具，它选择每个时代最重要的文化作为其内容，帮助学生掌握必要的知识技能，顺应和推动社会不断发展。教材反映了社会的主流文化，渗透了意识形态和价值观，既是向学生传授人类知识和技能的重要媒介，也是促进学生社会化的工具。教材是国家教育目标、课程建设的浓缩反映，是师生教学的基本依据。可以说教材从一定程度上回答了斯宾塞在19世纪中叶提出的著名问题："什么知识最有价值？"教材在我国经历了一百多年的发展历史，在信息化社会即将发生重要的变革。在新旧教材交接、融合的阶段开启数字教材的研究，对教育研究而言，具有前瞻性和战略意义。

2. 带动数字环境下教学的研究

数字教材对于课堂教学的影响，及数字环境下的教学需要怎样的教学资源，是未来数字教材发展必须要回答的关键问题。教材的发展不是一种单纯的理论，教材与实际教学息息相关。在实践中，教材对于教学有指导作用，而教学规律的发现又反过来影响教材的编制。数字教材的使用离不开数字化的教学环境，如何在数字化的教学环境中开展教学是教学领域新的重要议题。数字教材和数字化教学环境的教学是两个相辅相成的新生研究热点。纸本教材时代对于教材的编制与教学的互动研讨进行了近百年，有很多成熟的研究成果，并仍在继续完善。数字教材与数字化的教学之间的关系研究才刚刚开启，势必是一个具有巨大研究价值的领域。可以说，数字教材的研究对于未来教材和教学的发展研究都具有不可估量的研究价值。

（二）研究创新

1. 以价值研究为导向构建数字教材建构的理论体系

对于数字教材如何建构的问题，本研究以价值论为导向给出了答案，解决了数字信息技术与教材结合过程中，偏离教材使用主体发展需求的问题，进一步明确了教材的核心价值是教学价值。在确立价值导向的基础上，结合数字教材在教材发展过程中的特殊性及在教学活动中的特殊性，提出了数字教材的客体教学价值和主体教学价值的分析框架，指明了数字教材建构需要进一步提升客体教学价值和主体教学价值的努力方向。

2. 增加了教育立场下的技术视角教材研究

数字教材的研究目前至少有三个取向，即教育的、技术的、出版的。数字教材确立了几个基本的研究维度，如内容维度、技术维度、出版维度，每一个维度的研究都将对教材的整体研究有所贡献。以往教材研究对于内容和出版两个维度的关注很多，内容方面，比如学科教材的内容建设和内容解读，出版方面在于对教材出版标准规范的讨论。而技术维度是纸本教材时代教材研究相对较少的部分。本研究并非是单纯的技术视角下的教材研究，而是基于教育立场的技术视角教材研究。数字教材增加的技术研究维度，是数字教材的特色，也将技术作为影响教材发展的重要因素，探讨技术因素与教材其他因素的复杂关系。纸本教材时代并非不谈技术，比如，研究者也会讨论插图问题、图文配合问题、排版问题等，但是大部分讨论浅尝辄止，没有深入到对教材内容、体系等的整体影响层面。当然这与纸本教材中技术介入较为浅层有关。而对数字教材而言，技术对于教材的影响是直接的、全方位的。技术维度的分割，增加了教材的一个分类系统，至少可以将教材分为纸本教材和数字教材两种类型。以技术作为研究的维度，也可以梳理教材发展的整个历史过程，将隐蔽的技术维度对于教材发展的影响系统呈现，使以往讨论得并不充分的问题讨论得更清楚。

第二章 信息技术与教材融合发展的历史必然及启示

有一些研究直指数字教材的使用效果不如纸质教材，对数字信息技术与教材的融合提出了根本性的质疑。信息技术与教材的融合发展并非是数字信息技术的创新行为。事实上，信息技术一直以来都深度参与了课程内容的建设，信息技术一直是教材质量不断优化的重要参与力量。教材的技术化是一个必然趋势，技术化的本意中就包括信息技术对教材的不断优化。

第一节　信息技术及教育场域中信息技术的特性

狭义的信息技术主要是指那些产生、传播、存储信息的物化形态技术，在实践中还经常被理解为"媒体技术"。而广义的信息技术，指基于信息的一切技术，包括物化和智能形态，物化形态的技术通常是狭义的信息技术，而智能形态的技术则还包括处理信息的方法。如果说技术的价值是用来扩展人的功能，那么信息技术就是用来扩展人的信息功能的。在诸多的技术种类中，无论是信息技术的物化形态还是智能形态，都与教育变革有深层次的关联。系统学习知识是学校教育的最主要任务之一，而在学校学习的知识中，很多内容均是依靠信息技术的物化形态得以固化传承，还有思想方法等也与人们处理信息的方法相通或者紧密关联。

不同领域对于信息技术本质的界定也颇为不同。不同的研究基点，会得出不同的本质论。从信息哲学的角度看，信息技术是人类为了与自然界和社会互动，进行物质、能量和信息交换的媒介。物质世界具有信息本性。[①] 人类社会一直朝向信息化的道路自为前进，而这个过程是通过信息技术这个重要的中介开展的。广义上的信息技术是人与各种信息系统作用的中介的整体，是人与信息连接的"接口"。信息化的过程是人类提取、加工、传输、交换和反馈信息并创造物质和精神产品的过程。该理论认为信息和信息化是人类社会固有的本性，信息技术的创生和加速进步是人类社会不断信息化的突出表

---

① 潘兴强，刘汉杰. 技术的本质与信息哲学 [J]. 云南师范大学学报，2004 (5)：1-5.

现。信息哲学为信息技术所作出的界定，可以概括为：信息技术在本质上是社会通过人类而进行的信息进化的自适应方式，是人类调控自己与世界关系并递归地实现社会进化本质的自组织的信息进化过程的自适应方式。不难看出，该理论也隐含了技术自主性的论调。只是单纯地将人类社会发展归纳为信息技术化的过程，不免有些牵强。但强调信息技术是人类与外界的"交流"的中介特征，确有可取之处。人们如何认识外界，就将其表达为一定的信息，并不断传播和修正，力求接近事物的运转规律。信息技术的中介性质是其突出外显的特性。

信息技术在系统论的视角中具有"过程性"。日本科学技术史学家三枝博音认为技术在本质上应该被理解为生产过程的手段，是过程的特殊状态，他强调了技术的过程性。过程论主张动态地看待技术，既包含时间维度也包含空间维度。信息技术并不是一个抽象的概念，而是真正进入到信息化过程的一系列"技术集群"。大体可以将信息技术分为"基础技术""支撑技术""核心技术"和"应用技术"。[1] 核心技术是最能展现竞争力的技术集群，当然在整个技术系统中，核心技术也势必要与其他的技术类别相互匹配，协调互动。尤其在信息社会中，技术的复杂性已经使技术的相互依赖更加紧密，技术的系统优化也是技术进步的一大推动力。从时间维度上看，信息技术也有"生命周期"，表现为信息技术的不断进步、不断变化更新。从空间上看，过程性表现为技术与自然和社会因素的密切相关性，相互影响。现在数字信息技术正处于技术的生长期，并且对于整个社会系统造成了巨大的影响。过程论不仅强调不同因素之间的动态影响过程，还发现信息技术自身作为一个系统过程，由5大环节构成，包括输入—传递交流—存储—加工再生—输出等。在这个"信息链"中，每个环节都是围绕信息的处理而进行的，每个环节中都蕴含处理信息的方法。在信息技术的结构体系中，信息方法贯穿始终，把每个环节紧紧联系在一起。信息技术过程论继承了技术的系统论中的有关思想，并且点明了信息技术独特的连接环节，对于认识信息技术的独特性具有重要贡献。

---

[1] JAMES M UTTERBACK. Mastering the Dynamics of Innovation [M]. Boston Massachusetts：Harvard Business School Press，1996：79-102.

从功能价值的角度看，信息技术的独特性体现在"智能性"上。如果说技术的主要功能是人自身能力的扩展，那么运用物质材料、能量和信息三类技术，可以分别扩展人的体质能力（使用工具的能力）、体力能力（身体能力）和智力能力（智能思考）。① 人的智力能力主要就是信息加工。智力运用过程就是信息处理的过程。信息技术可以用来扩展和延伸人的智力能力。一方面，信息技术可以外化人的信息处理功能，比如搜索信息、存储信息，甚至借助一些数据分析，可以建立信息之间的关联。另一方面，信息技术还不断内化为人的信息处理能力。例如，信息技术让人具备识文断字的能力，能够帮助人更好地获得知识，这就是信息技术刺激人的智力能力生长的例证。一个文盲和一个读书人，对于外界事物的判断有很大差异，这是基本的常识。目前信息技术的发展，在信息搜集、传递、存储、输出等方面，已经大大超过人类个体的能力。但是信息技术最核心最复杂的信息加工、判断和创造能力，却仍是智能信息技术的难点所在。信息技术对于外化于人的功能构建，应该说是十分成功的，且效用也十分明显，但是对于如何更好地促进人的思维和思想方法的建立，效果还不明显，而这也是信息技术融入教育最需要努力的方向。

从文化角度看信息技术，信息技术被当作一种亚文化。技术不但与物质财富、人类的精神文化等融合表现为文化存在，其本身就是一种文化。信息技术的文化形态可以表现为物质文化、精神文化和行为文化。信息技术物质文化即信息产品、设施、信息环境等，是可视的文化存在；行为文化即人们在社会实践中运用信息技术来获得、处理信息的行为和方法；精神文化则指个体和群体的信息意识、价值观念、伦理道德、规则规范等。② 信息技术文化在教育实践中也已经有明显的显现：教育信息化环境的普遍存在，白板、信息平台、移动终端等建构了独特的教育信息化亚文化。线上线下的混合式学习，借用网络资源搜集学习材料等，已成为学生的学习行为文化。而合作共享、独立展示、数字版权意识也构成了学生的价值观念等。

本研究无疑要求笔者更多地以教育的视角来看待信息技术的本质，或者

---

① 朱永海. 论"信息技术"本质［J］. 情报杂志，2008（7）：115-117.
② 朱永海. 论"信息技术"本质［J］. 情报杂志，2008（7）：115-117.

说我们要讨论信息技术对于教育的根本意义如何。首先，信息技术和其他社会条件构成了教育生存的环境。教育是为了个体和社会发展而服务的。教育必须适应当前的社会环境，而且要着眼于未来社会的发展，因为教育培养的人才要服务于几十年后社会的发展。环顾信息社会的当下，以数字信息技术为代表的信息化浪潮，从生产、消费领域，直指人们接受、理解和输出信息的方式。数字信息技术对于教育的"冲击"前所未有。在人们的生活中，数字信息技术设备随处可见。在家庭和社会生活中，数字信息技术的运用成为常态。在教育领域中也开展了数字信息技术与教育深度融合的理论和实践探索。我们也看到在世界范围内，各国对于教育信息化的投入都异常重视。2015年11月4日，联合国教科文组织（UNESCO）第38届大会审议通过了《教育2030行动框架》。在行动框架中的目标涉及让学习者发展基础的识字和计算技能，为将来的继续学习和开发更高级别的技能奠定基础……运用恰当的教育教学方法，并由恰当的信息通信技术支持来满足学习者的不同需要。为了弥补正规学校教育的不足，必须通过非正规途径提供更大范围、更加灵活的终身学习机会和充足的资源、适当的机制，以激励包括使用信息通信技术在内的非正式学习。欧盟颁布了"数字化学习计划"，加拿大提出"eduSpecs计划"，美国的"NETP2010教育技术计划"，我们的邻邦日本的"2010教育信息化指南"，韩国的"Smart教育"。世界范围的教育信息化浪潮呈现出从课外到课内，从高等教育到基础教育蔓延的趋势。而我国对于课内和基础教育的信息化投入明显要高于其他国家，在《教育信息化规划纲要（2011—2020年）》中，将教育信息化作为促进教育公平和提升教育质量的重要手段，在《2006—2020国家信息化发展战略》中，将教育信息化作为国家战略发展的重要组成部分。在现实社会中，数字信息技术已经是生活必需品，只是在教育中的应用还处于起步阶段。教学活动中数字信息技术的应用，基本还是以图片或者视频的展示为主，在用数字信息技术激发学生思考和创造方面做得还不到位。在学生生存的外部环境和未来社会的环境中，数字信息技术无疑都是重要的，甚至是引领社会变革的重要力量。但是不得不说，目前教师和学生的数字信息技术水平还有待大幅度提升。随着我国教育信息化的快速发展，"校校通""班班通""人人通"工程扎实落地。即使在一些贫困的边远山区，信息化教学所需要的硬件系统，包括网络、个人终端电脑、电子白板都是应有尽有的。这些教育信息化的外部环境已经是教师和学生习以为常的教育环境。学生适应这些环境的速度甚至比老师还要快。一次公开课上，老师对于白板总是误操作，急得下面的学生纷纷支招。如果以大教育的视野来看，每个学生在家庭中接触数字信息媒介的机会就更多。他们利用数字技术学习、了解世界的方式方法更加多样。这也对学校进一步加强数字信息技术的学习提出了要求。

其次，信息技术一直以来都是教育的重要内容。当此轮数字信息技术对于社会变革和教育领域产生巨大冲击的时候，我们似乎猛然发现了信息技术的强大能量。此轮信息技术变革是以数字信息技术为代表的。其实在历史上，信息技术一直就是重要的教育内容。读、写、算这三项20世纪学校教育最强调的技能，均是信息技术。听、读技能，旨在信息的输入，说、写技能旨在信息的输出。而听说读写是支撑各学科学习的基本功。在文字产生和普遍运用之前，口耳相传是教育的重要形式，信息就存在于语言中。在文字普遍使用之后，文字作为信息的主要载体，又刻印在不同的介质之上，使得信息得以保存和传递。在造纸术和现代印刷术成熟后，大规模的学校教育依赖于这种信息技术的系统组合。而当代人们不得不进一步理解以数字信息技术为载体的信息技术，如何和怎样成为教育的内容。现今，数字信息技术产生了大量的数字教学资源，这些资源被广泛地作为教学内容应用在课内外的学习活动中。值得一提的是，很多地区开设了信息技术教育课程，专门将数字信息技术作为教学内容，让学生系统学习。数字信息技术课程在美国、日本和韩国等国均受到重视，未来在我国也还有很广阔的发展前景。

再次，为教育发展提供了工具支持。书本、黑板、粉笔，这些20世纪教育教学必备的工具，哪个不是信息技术的产物？而多媒体教学所需的录音机、投影仪、CD光盘，又有哪些不是信息技术？教师授课必备的三字一话技能，都是以信息技术为媒介，向学生传递知识。早些年的优秀教师说，只要给他一支粉笔一块黑板就可以上课。以信息技术为支撑的教育工具，是教育教学活动展开的必要条件。信息技术承袭一般技术的基本特征，工具性是其内涵的基本特质。师生交往、生生交往，或者说只要存在信息的交流和沟通，那么无疑就需要信息技术作为工具和媒介。在数字信息技术刚刚进入教育领域时，通常是作为教学的特定工具使用的。白板代替黑板，PPT课件代替粉笔板书。这些工具从偶尔在公开课上展示，到逐渐成为教育教学常态使用，大概也就经过十多年的时间。很多地区还实现了异地授课，这主要依托数字化远程视频工具来完成。欠发达地区的学生可以与名校的学生共同上名师的课，这在以前是不可想象的。而数字信息技术工具帮助教育扩展了时空。

上文简单列出了信息技术在教育领域中应用的主要表现，透过这些"现象"我们可以挖掘出教育场域中信息技术的本质，或者说信息技术对于教育的根本意义和核心价值。无论是作为教育资源、教育环境还是教育辅助工具，信息技术都在扮演积极融入教育系统的角色。信息技术若想深度融入教育系统，势必要符合教育的主旨，遵循教育的基本规律。信息技术在教育场域中的生长和发展的动力，要与教育的主旨根本契合，若相互背离，一定会被逐渐淘汰。教育场域是信息技术在这个领域生存发展的前提和条件，信息技术在其中，一定要体现育人的基本功能。能够为教育中人的发展提供更好的支持是教育场域中信息技术存在的核心意义。作为教育资源，要更适合学生学习；作为教育环境，要能够给学生提供更积极的影响，创造更好的学习条件；作为教育工具，要更有利于学生学习和掌握知识、技能等。教育场域中的信息技术应该是以实现育人目标为根本目的的资源、工具和环境。

第二节　信息技术与教材融合发展的历史回顾

技术进入教育场域必须经过教育固有规律的洗礼，而经过融合过程的技术，也势必对既有的教育体系形成影响。信息技术与教材的融合，经历了复杂的过程。

要描述信息技术融入教材的过程并不是一件简单的事。在以往人们对于教材的关注中，往往纠结于课程的内容、形式、结构、时序安排等问题。但是信息技术对于教材的影响是多方面、多维度的。在以往没有强势的信息技术介入之前,信息技术一直以缄默的状态存在于教材中。直到数字信息技术强势进入教育领域,人们才开始关注技术这个重要因素对于教材的影响。笔者试图系统梳理一下信息技术对于历史上出现的"教材"的影响。我们熟悉的教材是伴随现代教育制度而出现的,适合班级授课制的形式,纸质形态,以学科课程教材为主,笔者将它称之为纸本教材阶段。而与人类教育互动相伴的教学材料,存在已久。它们是纸本教材的前身,是教材的雏形,那段历史可以称之为前纸本教材阶段。而数字信息技术的发展,打破了纸质教材一统天下的形势,增加了教材的类型,丰富了教学的资源形式,未来教材发展会更加多样化,可以称之为多样态教材阶段。以技术为切入口来考察教材的发展历史会发现,技术不仅影响了教材的有形方面,比如教材的承载体是简牍、纸张或是光盘,也会影响教材的无形方面,即与教材相伴随的学习活动是如何开展的或者说师生是如何使用教材的。笔者按照信息技术、学习内容、承载体和学习方式几个维度,系统梳理信息技术与教材发展的历史。

笔者尝试将教材的发展阶段粗略地划分为三个阶段(见表2-1)。

表 2-1 教材发展阶段回顾

教材发展阶段	内容	学习方式	承载体	技术
前纸本教材阶段	祭祀、史实、《圣经》、史诗、儒家经典	口耳相传、辩论、示范	羊皮、竹简、丝帛、纸	语言、文字、古代造纸术、雕版印刷术、活字印刷术
纸本教材阶段	学科知识	班级授课	纸	现代造纸术、铅字印刷、电子排版、印刷
多样态教材阶段	学科知识、跨学科知识、个性化学习内容	集中学习与个性化学习结合	纸张、光盘、数字存储、云存储	多媒体(影音)电子产品、数字信息技术

一、前纸本教材阶段

从某种意义上说,社会生活和生产劳动是知识的第一源头。社会生活和生产劳动是最古老的教育内容，也是影响最持久的教育内容。直到今天，它们都是影响人发展的重要内容，是学校课程的源泉。从人类诞生到创造出文字经历了相当长的时期。那个阶段的教育内容，也就是后来我们定义的课程并没有从社会生产劳动中脱离出来。比如，妇女在采集的时候，就会教给儿童一些植物知识和采摘的技能；男人在狩猎的时候，会教给儿童动物知识和狩猎的技能。此外，儿童还会接受与衣、食、居、行等人类基本的生活内容相关的训练。在语言产生之后，人们之间通过有声语言和肢体语言进行交流。所谓的教育就存在于这交流过程中。在原始社会后期，一些宗教仪式、风俗习惯的传授也成为教育内容（从现存的原始部落中，我们能够发现这种教育现象）。随着社会生产力的发展，原始农业、畜牧业、手工业逐渐出现，关于这些领域的知识是教育的主要内容。原始社会的教育具有为生产而教育，为生活而教育的特征。①

我国古代典籍对那时的教育情况有记载。《礼记·内则》篇有："六年教之数与方名……""九年，教之数日。十年，出就外傅，居宿于外，学书计。""十有三年学乐，诵诗，舞勺，成童舞象，学射御。二十而冠，始学礼。"又如《礼记·王制》篇有："乐正崇四术，立四教。顺先王《诗》《书》《礼》《乐》以造士。春秋教以《礼》《乐》，冬夏教以《诗》《书》。"

陈青之在《中国教育史》中列有一张西周各级教育阶段的"课程表"，如表 2-2 所示。②

表 2-2　西周各级教育阶段的"课程表"

科目	各教育阶段的课程		
	幼儿教育	小学教育	大学教育
修身课	练习动作告以日常生活的一切常识	洒扫应对进退之节	正心诚意及修己治人之道
知识课		算学诗歌书记	致知格物及六艺之文
运动课		驰马击剑射御跳舞	射御跳舞等术

我们从这课表中联想，那时的教学方式以对话、演习为主，而不仅仅是学习文本知识。"口耳相传"的教师与学生面对面的教授活动是学习的重要构

---

① 陈侠. 课程论 [M]. 北京：人民教育出版社，1989：27.
② 陈青之. 中国教育史 [M]. 北京：商务印书馆，1936：29.

成部分，这与当时的技术发展水平相适应。在文字发明之前，语言是当时人类掌握的最重要的信息技术。在西方世界也能看到口耳相传的历史痕迹。人们依靠富有韵律的诗歌、谚语等音律技术来表述人对于自然的认识，记录历史事件。非洲有部落还采用有节奏的手鼓迅速传递信息。荷马就是口传时代专门从事记录和传播的吟诵诗人。虽然这种口传的方式会因为传播者的失误或者有意改编而与事实真相有出入，口传内容无法完全准确保留，但是我们仍然要承认口传中存在事实，并且能够发挥教育的作用。考古学家依据《荷马史诗》发掘出了古代特洛伊城，无疑是个好的例证。

文字是人类掌握的第二种重要信息技术。文字诞生后，人们将文字刻在石头、木板、竹简之上，用以记录历史事件、祭祀方式、天文和占卜知识等。早在4000多年前的美索不达米亚南部地区，当地人就将楔形文字刻在泥板上，这些泥板就充当了教材的角色。公元前3000多年前，埃及人采用纸莎草纸作为文字的承载体，这种纸在干燥的环境下可以保存相当长的时间。在我国，人们最早将象形文字刻在陶器和兽骨上，出土的文物是很有说服力的物证。此后，树皮、崖壁、兽皮、简牍、丝帛、碑石等等都充当过文字的承载物。其中简牍和兽皮在推动中西方文化发展上功不可没。简牍不仅决定了中国古代书籍的竖直书写的格式，而且也形成了自右向左行文排列的方式，到纸质文本时也未改变，一直延续至近代课程引进外国书籍格式之前。它甚至影响到古文的表达方式。冯友兰曾分析道："按中国古代用以写书之竹简，极为夯重。因竹简之夯重，故著书立言务求简短，往往仅将其结论写出。及此办法，成为风尚，后之作者，虽已不受此物质的限制，而亦因仍不改，此亦可备一说。"① 简牍在教材的历史上留下了浓墨重彩的一笔，在已发掘的现存文物中，《老子》《论语》《急就章》《仓颉篇》《仪礼》《诗经》《周易》《算术书》皆可见到简牍式版本。②

最迟在公元前2世纪时的西汉初年，纸已在中国问世。但最初的纸工艺简陋，质地粗糙，不适宜书写，一般只用于包装。到东汉和帝时期，经过了

---

① 冯友兰. 中国哲学史 [M]. 北京：中华书局，1984：9.
② 钱存训. 书于竹帛：中国古代的文字记录 [M]. 上海：上海世纪出版集团，2006：63-82.

蔡伦的改进，形成了一套较为定型的造纸工艺流程。造纸术在我国各地推广以后，纸就成了缣帛、简牍的有力的竞争者，公元 3 到 4 世纪，纸已经基本取代了帛、简而成为我国唯一的书写材料。在《后汉书》第 66 卷《贾逵传》中记载：公元 76 年汉章帝令贾逵为 20 位高才生教授《左传》，并授予每位学生以"简、纸经传各一通"。

虽然造纸术是前纸本教材时代最重要的物质发明，但不容忽视的还有与它密不可分的印刷术的不断推进。在前纸本教材阶段的相当长时间内，以手工出版传播为主，包括手工抄写和手工印刷两种方式。到唐末、五代大规模使用雕版印刷术。五代宰相冯道奏请朝廷雕凿的《九经》，历时 22 年完成，是中国古代课程发展的时代制高点。① 雕版印刷术的使用，使读书人可以获得更多的"正版"教材，减少了讹传的几率。与造纸术相配合，人们就更容易获得轻便的、易于携带的"教材"了。书籍出版数量的增加，改变了古代文人的阅读习惯和藏书方式。"自印刷之术日新，致用之途益广，便民垂远，为效甚宏。然其影响后世，有利有弊……由于得书甚便，学者多置之不观，苏东坡为《李氏山房藏书记》，即尝慨乎言之。故印刷愈便，而记诵日衰，斯固创物造器者之所不任咎也。"② 印刷术使得人们获得书籍更容易，不需要大量背诵，让当时的人们认为影响了读书的效果。这不能不使我们联想到，今日信息社会，各种信息、知识的获得如此便捷，但是否真的会提升人的学习能力呢？

这一时期的"教材"，以涵盖涉及各个方面的经典著作为基础。在我国就是"四书五经"和"三、百、千、千"。而欧洲古希腊和古罗马时期是"七艺"课程，到了中世纪则以"圣经"作为教学的经典内容。

二、纸本教材阶段

宋代兴起了活字印刷术，不过当时在我国将其用于教学领域的程度还很

---

① 赵婧. 课程形态嬗变论——基于技术的社会建构视角 [D]. 北京：北京师范大学，2012：14.

② 张舜徽. 清人笔记条辨 [M]. 北京：中华书局，1986：331.

有限。因为我国的活字印刷是非金属质地的，与精美的雕版印刷相比，效果欠佳。人们对于圣人立言的权威性、精确性、精美度都有很高的期望，因而更倾向于使用雕版印刷的经典著作。但是活字印刷在西方却大放异彩，影响深远。德国的约翰内斯·古登堡被视作西方活字印刷术的发明者。他研究出了特别的作为字母的合金和铸造法，用这个方法他建立了一套字母库，并用此印刷了著名的《古登堡圣经》。古登堡使用的字母由铅、锌和其他金属的合金组成。它们冷却得非常快，能够制造字号小的字母，而且能够承受印刷时的压力。印刷使用转轴印刷法，印的是纸和羊皮纸。古登堡的印刷术使得印刷品变得非常便宜，印刷的速度也提高了许多，印刷量增加。这为科学文化的传播提供了方便，使得欧洲的文盲大量减少。

西方印刷术的传入，直接导致了中国印刷业的发展，对近代书籍样式也有质的影响。19世纪初，欧洲兴起研究、制造中文铅活字的热潮。1815年左右，传教士汤姆斯专门刻制了一套中文铅合金活字，用以印刷《华英字典》。这是最早的中文铅合金活字。辛亥革命前后，各种政治力量都有进行舆论宣传的需要，清末废科举后各级学校的兴办和新的科技知识的传播，都需要更好的文字印刷能力作保障。铅印的物质条件逐渐完备，字模多了，字体日益齐整秀丽，价格下降，纸型取代泥板使重印更加方便。铅印技术从此开始占据绝对优势地位。西方造纸技术和装订机械的引进，使图书可以双面印刷。书的形态也因文字的横排由右翻本变成左翻本。毛边书也日趋向切边书转换。此外，新式标点符号的使用也使文字表达更加清晰准确，是一大进步。

在经历了长期的经典著作作为主要教学内容的阶段之后，在西方，首先建立了现代课程体系。文艺复兴运动时期，学校教育的内容得到了广泛发展，学科的范围迅速扩大。学校课程在"七艺"的基础上，增加了自然科学、历史、地理等课程。已经初具现代课程的雏形。17—18世纪，现代课程体系基本确定成型。现代学制的确立，为课程的完善提供了条件。中等教育兴起，学校教育系统由上到下或由下到上开始打通，各级各类学校课程相互协调。后来现代教学制度逐步确立：学校确立了一套有计划、有组织的教学工作方式。规范的教学工作秩序对教材的要求也相应提高。比如重视直观教学，相应地促进带插图的教材出现；在教学上注重循序渐进，在教材上就要考虑学生心理发展的"序"和知识展开的"序";教学工作分年级授课,教材就必须按年级组织,考虑不同年级之间的协调;为了便于学生记忆和巩固,教材文字就要简洁明了;等等。这样,基于上述种种原因,在17—18世纪以后,西方学校的教学内容逐步改变了原来的形态,演变成为现代教材。

我国现代教材最初主要借鉴西方教材。1904年,商务印书馆的最新教材问世,它是我国真正意义上的近代化教材,具有三个非常鲜明的特点:首先,以近代分科设学的概念统筹出版,科目包括国文、算数、格致、化学、修身、地理、历史、动物学、植物学、矿物学、心理学、英文等十余种,学科建制更为健全;其次,按照学制要求来编辑课文,分编初等小学、高等小学和中学教材;再次,它有教授法。最新教材自1904年开始陆续出版,是当时我国小学教材科目最完备的一套课本,为近代中国从学塾制的教学转入学校制的过程起了重要的辅助作用,标志着中国近代教材的诞生。

辛亥革命结束了封建帝王时代,我国古代课程也从此退出历史舞台。1912年的课程计划,标志着现代课程开始全面实施。在1912年学制中,开设了国文、算学、博物、理化、修身、外国语、历史、地理、法制、经济、家政(女)、缝纫(女)、音乐、图画、手工、体操等课程,和以"读经讲经"为主的古代课程有鲜明区别。

促进教材形态演变的不仅来自教育系统内部发展变化的推动,技术的发展同样起了不可磨灭的作用。出版技术的发展使得中小学生使用自己的专门教材成为可能,而不必依赖于面向成人的教育经典读物。1950年,我国成立了专门出版中小学教材的专门机构——人民教育出版社,它迄今为止出版了11套全国通用的中小学教材,现代教材形态逐渐形成并发展了起来。

纸本教材阶段区别于前纸本教材阶段的主要特征有三。第一,从内容上看,自然科学进入现代教材体系并取得了合法的地位。一些新兴的人文社会科学也逐渐形成并进入了学校教材,如本国语、外国语、历史和地理等。它们在培养具有现代民主意识和民族情感的国家公民方面具有不可替代的作用。此外,出现了现代体育、美术、手工劳作等科目,丰富了学校教材的领域和类型。第二,在教材内容的进程安排上,纵向上增强了从小学、中学到大学的连贯性,横向上加强了多学科之间的协调性。这种连贯性和协调性的安排也有了心理学、教育学和教学论的科学依据。教材内容的教育价值及其目标越来越明确。第三，从教材的使用方式来看，形式越来越多样，课堂上的活动丰富了，还重视课外拓展活动。教材的编写也越来越科学合理。

三、多样态教材阶段

随着社会和教育研究的进一步发展，教材的样态又逐渐发生了变化。有相当长一段时间，我国都采取一纲一本的教材选用制度。在新中国成立初期，应该说一纲一本对于提升全国教育教学质量确实有明显的积极作用。但是，不同地域有不同的文化特点，同时随着不同地域之间经济发展的差异而越来越明显。这意味着，全国使用统一的教材很难适应不同区域学生对于课程的需求。在教材自身不断完善的过程中，教材编写者也开始探寻多种形式的辅助学习资源，以帮助学生获得更好的学习效果。1978年出版的全日制十年制中小学教材中，首次出现了彩色版语文教材和双色版数学教材，供京津沪三地小学试用。彩色版教材不仅为学生提供了更好的审美体验，重要的是，通过色彩的运用，突出了图片对内容的承载作用。也就是说，内容不仅仅可以通过文字来表达，还可以通过色彩艳丽的图片帮助学生理解和记忆相关知识。后来我们也看到许多关于教材插图的研究，反映出人们对于内容载体越来越关注。

音像产品作为教材的补充资源起源于20世纪70年代。那时，外语教学录音带首先在各地外文书店销售，供应给外语学习者。随着改革开放的深入，全社会引发了学习外语的热潮，20世纪80年代中后期一些教育音像出版单位成立。1980年，我国教材的主要供应机构人民教育出版社，委托北京市电化教育馆，录制了与人教版高中英语教材配套的教学录音磁带，供给北京地区的教师和学生，满足他们的学习需求。1986年，《中华人民共和国义务教育法》颁布实施，对教材建设提出了新的要求，不仅要有教材内容和教育思想的不断更新，还要在教材内容表现形式上适应现代化教育的需要。人教社在研究和借鉴发达国家教学现代化发展的基础上，提出人教版第一套义务教育教材的总体设计思想："以教材为基础，包括教师教学用书、习题集、练习册、实验手册、课文读物、挂图、图册、投影片、录音带、录像带等的系列化教材。"① 1996年人教社成立"北京人教音像制作有限公司",专门提供教材配套的录音、录像产品。随着音像教材媒体的多样化,1999年人民教育电子音像出版社成立,生产人教版教材配套的录像带、录音磁带、幻灯片、CD、VCD、DVD、CD-ROM等。在十年左右的时间内,教材的载体形式从书本渐渐发展到以纸质教材为主体,以电子音像载体为辅助学习手段的多元载体时代。

1999年9月,人民教育出版社建立门户网站(简称人教网),它是为我国基础教育领域广大师生提供教育教学资讯、配套教学资源和网络出版等服务的数字教学资源平台,设立了小学数学、初中英语、高中数学等50余个学科频道以及职业教育、学前教育、特殊教育等20余个综合频道。

人教学习网是人民教育出版社下属的经营性学习网站,该网站分为教师、家长和学生专区,通过博客、论坛以及互动交流平台等多种方式满足不同教育参与者的需求。

2012年人教社成立了云汉数媒科技有限公司,专门研发适合师生使用的数字教学资源,包括教师网络培训和服务平台,学生电子教辅和电子书包。

由此我们看到,我国的教材从一纲一本的形态逐渐走向了多元教材载体的形态。新的教材形态建立在云技术(云计算)、智能移动终端等数字信息技术的基础之上。

当前数字信息技术革命引领了教材样态的发展。据此很多人探讨了基于数字信息技术的数字教材可能具有的特点,比如共享、即时、资源无限丰富等。很多人畅想未来学生能够随时随地开展个性化学习的美好景象。不过,笔者却无意为那些美好设想添砖加瓦,更愿意立足于基础教育教材发展的现状来展望未来。基础教育阶段的学习者并非是成熟的学习者,学习方式一定要有教师的指导,教材内容是需要精心选择、设计、编排的,要符合这个阶段学生的身心发展特点。同时基础教育阶段要为一个人一生的学习能力打下基础,无论是着眼于未来生存还是优势发展。如此看来,人们所憧憬的教材

---

① 课程教材研究所. 新中国中小学教材建设史 1949—2000 研究丛书·出版管理卷[M]. 北京:人民教育出版社,2010:361.

内容能够无限丰富等"优势特点",却与基础教育阶段的教育目标相背离。信息泛滥、资源冗余、碎片化学习并不利于青少年进行学习。数字教材的开发仍然要坚持基础性的原则,基于数字信息技术的优势,夯实基础知识的学习,提升学生的学习兴趣,开阔学生的视野,打破学科之间的壁垒,在保证学生集体学习效果的前提下,为学生的个性化学习打开一扇扇窗户。纸本教材成就了班级授课制,笔者憧憬数字教材能够支持更多的灵活的学习方式,提升学习的效果。[①]

第三节 信息技术与教材融合历史的启示

一、信息技术与教材融合的历史必然性

从教材发展的整个历史进程,可以清晰地看到信息技术的烙印。信息技术不断促进了教材形态的变化。教材内容的变更是教材发展的核心力量,从古代教育到近代教育和现代教育,教育内容的变化是教材最根本的变化,信息技术适时地满足教材内容的变更要求,并为教材的优化提供支持。从教材自身的发展来看,不断优化,满足不断生长的教学需求是其一贯的使命。而信息技术不断丰富和发展,使得教材能够承载更多的内容,有更丰富的展现形式,对教学活动有更多支持的可能。教材不断采用新的合适的信息技术是教材自身发展的需求,有其历史必然性。这种必然性还进一步体现在信息技术与教材发展的密切关系中。

[①] 牛瑞雪. 我国数字教科书的研究现状、不足与展望 [J]. 课程·教材·教法, 2014 (8): 19-25.

（一）信息技术是教材的重要内容

教材中包含大量信息，而关于如何理解信息、获得和传播信息也同样是教材的重要内容。以语文学科为例，语文学科是众学科的基础。语文的四项基本技能——听、说、读、写，都是关于信息技术的，即如何有效接收信息、如何理解信息、如何正确表达自己的意思。小学语文教材的内容有口语交际、习作、阅读等板块。口语交际主要是让学生学会倾听，并在不同的情境中，合理运用口语，恰当地表达。习作注重表达，也即让学生掌握如何更好地与他人交流的信息沟通规则。按照传统的习惯，我们将各个学科分为文理两大类别。文科很强调概念、事实和依据材料进行的主观判断。政治、历史地理等教材课文中对于事实的描述是主体内容，而课后习题，指向了让学生生成某种思考范式，也就是某种信息分类、联结并以此作出判断，按照规范的方式表达。对于理科而言呢？理科教学总体是培育科学思维的过程。在人类历史上，自近代以来，科学教育在学校教育中的比重越来越大。科学思维依赖于概念，概念承载着信息。科学概念在理科教材中是基础内容，也是关键的内容。如何界定一个概念，如何正确理解，如何建立概念之间的联系，如何在基本概念、公理的基础上完成推理演绎，是理科教材的主要内容。科学思维还涉及归纳、演绎、类比，这些过程即是要求训练学生对信息进行比较、抽象、求同或求异的能力。由此可见，无论是可见的信息内容，还是不可见的处理信息的思维能力，都是教材的主要内容。更不用说，数字信息技术作为专门的课程配有的专门教材。而在信息社会，数字信息技术与教材的结合，同样是重要的教材内容。

（二）信息技术是教材内容呈现的载体之一

教材的内容是关于信息和信息技术的，而如何呈现这些内容同样需要借助信息技术。纸本教材的载体——书本，其原料纸张、油墨都是信息技术的实物，而排版设计、印刷术、装订术，它们决定了教材的美观程度，也都是信息技术。还有不易被觉察的，教材的结构体例安排，同样受到了信息技术思想的影响。规范的书面语、清晰的内容结构和板块安排、内容容量大小、教材套系之间的逻辑体系，这些都遵循了信息技术的规律。对于某一内容，是否使用插图，插图与文字的位置、相对比例如何，怎样安排才能更好地向学生传递文本信息，这都是教材编者在呈现教材内容时必须考虑的信息技术因素。也正因为这些规律性为人们所认同，并固定化地应用在教材中，教材的格式体例才基本固定下来，在纸本教材时代体现尤为突出。对于数字教材，则需要对不同的内容用什么媒体来表达有更为复杂的考虑。哪些内容以图片形式呈现好，哪些内容以视频形式呈现好，或者哪些内容可以设计一个动画情境，哪些内容可以做成人机互动的插件，等等。

必须说明的一点是，信息技术是教材内容呈现最重要的载体之一，但并非唯一载体。其他一些实物媒介和人也同样是教材内容的载体。因为教材内容的不同，有时这些非信息技术载体在增强学习主体体验、感悟等方面，比信息技术有明显的优势。并且，信息技术之间也不是纯粹的进化和替代关系。在今天，我们看到听说这种基本的信息交流技术在使用，文字、图片这种静态媒体在使用，多媒体的虚拟现实的多维动画媒体也在使用。可以说不同的媒体针对不同的内容有不同的表现作用，对于不同的人也有不同的刺激效果。没有任何理由使一种媒介独大。信息技术作为载体使用，一定是以能够恰当表达内容为前提条件的。这也意味着，并非最先进的信息技术就可以取代其他的信息技术，作为教材内容的唯一载体。适切性而非先进性是信息技术参与教材构建的基本原理之一。

（三）信息技术丰富教材的使用方式

教材不应停留在纸上，教材的功用存在于教学实践中。在教材价值实现阶段——使用阶段，信息技术同样发挥了重要的作用。简单的如粉笔和黑板、纸和笔，是进一步深化理解教材内容，延展教材内容的辅助工具。教师科学、简练、生动形象的语言风格，也是教材内容的另一种复现。教师提问、学生回答，在一问一答中，其形式和语言的使用并非是随意的，而是紧紧围绕教材的内容，有特定仪式感的对话。师生对话的内容、采取的策略，都是教材中学科思维的体现。随着数字化教学辅助工具在课堂中的应用，原来课堂教学主要以师生对话为主要互动形式，现在人机互动、生生对话也成为重要的互动形式。教材实施的形式更多样、灵活。虽然说，工具并不一定决定教材使用的方式方法，但对于某些方法确有支持和帮助的作用。也因为特定工具为教学带来了便利，某些教学法才得以普遍使用。比如借助数字信息技术，学生在家的自主学习与课堂的教学也有机地结合起来，翻转课堂就是依托数字信息技术作为工具发展起来的。而在该项技术不能普遍使用的时候，这种教学方式也无法常态应用。如果多媒体信息技术可以为学生和教师熟练掌握，那么师生交流就不必拘泥于课堂的对话，以数字信息技术为媒介的交流平台，同样可以作为教材多样化使用的支持。

二、数字信息技术与教材融合的新命题

由上文，我们可以清晰地看出信息技术长期以来就深度、全方位地参与了教材的建设。从教材的发展历史来看，信息技术一直是教材质量不断优化的重要参与力量。比如，让教材呈现的文字更清晰，让教材更轻便，让教材图文并茂更生动。教材的技术化是一个必然趋势，技术化意味着信息技术对教材的不断优化。但是，在数字信息技术之前，信息技术并没有充当教材变革"领导者"的角色，它看起来在教材建设中一直处于从属的被选择的境地，甚至一度让人遗忘。尤其在纸质教材阶段，人们对于如何构建教材已经有一套成熟的技术标准，他们根据明确的需要，适当选择更好的信息技术。综观技术的发展史，会发现，技术的进步在信息社会之前都是缓慢的，并且并非所有的技术都具有变革的意义。有不少技术被历史替代和淹没了。而一些重大的技术，如以蒸汽机为标志的第一次技术革命，以电力技术为主导的第二次技术革命，以电子技术为主导的第三次技术革命，都使整个社会发生了巨大的变革。目前以数字信息技术为主导的第四次技术革命同样具有非凡的变革力量。数字信息技术是信息技术的跨越式发展。语言、文字、造纸术、印刷术等信息技术都经历了缓慢的历史发展过程，与教育的融合也是缓慢而持续的。当我们回顾信息技术的发展历史，就会发现其与教育的变革十分密切——信息技术的发展也引起了教育的巨大变革。文字的应用让教育从师生面对面的教学到师生分离成为可能；造纸术印刷术使教育从贵族到平民，从

学园到学校,从个别化到标准化。数字信息技术使教育从文本逻辑到影像逻辑,从教育方式的单一、标准化到多样的个别化成为可能。① 或许以往的社会变革重大技术对于教育的影响是间接性的,但因为教育属于"信息型实践",自身就具有信息属性,加之信息技术的重大变革,因而数字信息技术对于教育的影响将是非凡的。

数字信息技术在社会各领域变革中发挥了重要作用,也被推上了教材变革领导力量的位置。信息技术从辅助者角色到领导者的"角色突变"与纸质教材固有的运行规律发生了强烈的冲突。从正面来看,数字信息技术作为强烈的变革刺激,使原本自洽的教材系统受到了冲击,这对于教材变革具有一定的积极意义。但是,也必须冷静地看到,数字信息技术对于教材的变革才开始起步,对教材的编排和使用还没有形成固定的系统化变革。数字教材是数字信息技术与教材融合的新产物,人们对于它的认识也还处于模糊的探索阶段,产生诸多不适应、不信任是变革过程的必经之路。数字信息技术与教材的融合到底能够发生哪些变化,应该如何对待变革过程中的冲突、矛盾是信息技术与教材融合的历史新命题。

本研究希望可以抓住数字信息技术与教材融合必须解决的一些基本矛盾,对矛盾进行理性分析,并在理论层面解决这些矛盾。数字信息技术进入教材系统是信息技术与教材融合的历史延续,在把握整体趋势的情境下,需要研究者把价值期待变为价值现实。数字信息技术与既有教材体系的冲突说明了什么问题,需要我们进一步深思,给出解决策略。

---

① 颜士刚. 教育技术哲学 [M]. 北京:中国社会科学出版社,2015:88-89.

第三章 从数字信息技术实践先行到数字教材价值的转视

第三章　从数字信息技术实践先行到数字教材价值的转视

　　21世纪是信息技术的世纪。数字信息技术变革席卷各大领域各个行业。信息技术参与教材建设的历史告诉我们，信息技术是推动教材发展的重要因素之一。但是对于信息技术的变革能力，在以往的历史中人们没有足够的判断。数字信息技术发展到今天，其强大的能力不容置疑，各国更是将其视为21世纪教育变革的重要推动力，纷纷加强教育信息化的建设。在国际竞争日趋激烈的今日，哪个国家都不想在这场数字信息技术革命中，让教育落后。虽然对于数字信息技术将如何改变教育，并没有明确的愿景和实施的蓝图，但是，几乎每个国家的教育体系都没有对数字信息技术采取封闭的态度，而是采取了实践为先的策略，摸着石头过河。

第一节　信息技术融入教材的一般过程

　　技术如何参与社会系统的变革？在技术哲学中，存在"技术决定论"与"社会建构论"的争论。"技术决定论"思潮早于"社会建构论"。前者产生于20世纪二三十年代，代表人物包括奥格本、托夫勒、贝尔、温纳、埃吕尔、麦克卢汉等；后者形成于20世纪七八十年代，代表人物包括荷兰的比克，美国的平齐、休斯，英国的麦肯齐，法国的卡隆、劳等。我国众多学者也参与到讨论中。有些学者成为某一学说的拥趸，据理力争批判另一种学说，也有学者试图融合两种学说中合理的部分，构建二者的联系。① 技术决定论者无疑看到了技术的强大力量，而社会建构论者更关注社会对技术的反作用。从技术的过程来看，这两种学说都可以解释其中的重要环节。某种技术的诞生确实对社会起到颠覆性的作用，但是并非所有的技术都具有这种强势力量，继而社会系统根据人的需求对技术提出修正的要求，弱化了技术变革原本的逻辑，成为社会系统中有用的因素，而那些与社会系统需求不符的技术，逐渐

---

　　① 王建设."技术决定论"与"社会建构论"：从分立到耦合［J］.自然辩证法研究，2007（5）：61-64，69.

淡出了人们的视野。应该说，偏激的技术决定论和社会建构论都具有明显的不足，能够看到技术决定论合理部分的社会建构论更具说服力。

人类历史的发展与技术的发展息息相关，人的发展也与技术的发展密不可分。每一个现代人都是"富技术"人。技术的发展是在社会发展的语境中实现的。任何技术融入社会系统都是一个动态的系统过程，包括技术过程，实践系统选择，在选择之后又将经历技术的调整，再经历实践系统选择，如此不断循环上升。这个过程中，技术并非完全处于被实践系统选择的过程，当时的实践也未必就是判断对错的绝对标准——实践系统的选择标准也一直处于变动调整之中。不可避免地，技术引发人们对于实践导向的思考，技术和实践选择标准融合，生发了新的技术目的定位。如果经过调整修正定位清晰了，那么下一轮技术过程将有很大的收获。而如果没有准确的定位，下一轮的技术摸索仍然要经历激烈的技术过程与选择冲突。技术哲学认为，技术参与到社会系统中，往往会经历技术过程与价值判断，这二者通常不会同步进行，一般来说技术过程先行，价值判断滞后。技术参与社会系统是一个动态过程，在这个过程中，技术的发展方向将不断受到价值判断的影响，从而作出调整。但价值判断并非一成不变，其也同样会基于最新的技术形势演进。价值选择的结果又会成为新一轮实践的前提。有些技术被社会实践整体接纳，成为新技术产生的基石。但在技术融入社会系统的复杂过程中，有太多的不确定性，包括众多客观的因素和主观的因素，致使技术的实践结果不免会与初衷发生一定的偏离，继而产生"技术异化"。在技术参与社会建造的过程中，通常呈现出这样的技术过程：某种需求引发技术发明，技术实践引发社会系统的变革，变革呈现正面或者负面的效应，技术实践在社会变革中受到人们价值选择的影响，引发新一轮技术实践。这个过程是截取技术过程的一段所作的抽象描述。

技术融入教育的过程同样呈现出了上述规律。技术变革与教育价值判断成为教育系统实践活动的一对矛盾体，是教育发展的重要推动力量。单美贤细致描述了技术进入教育系统的示意图（如图3-1所示）。[①]

---

① 单美贤. 论教育场中技术 [M]. 北京：教育科学出版社，2011：93.

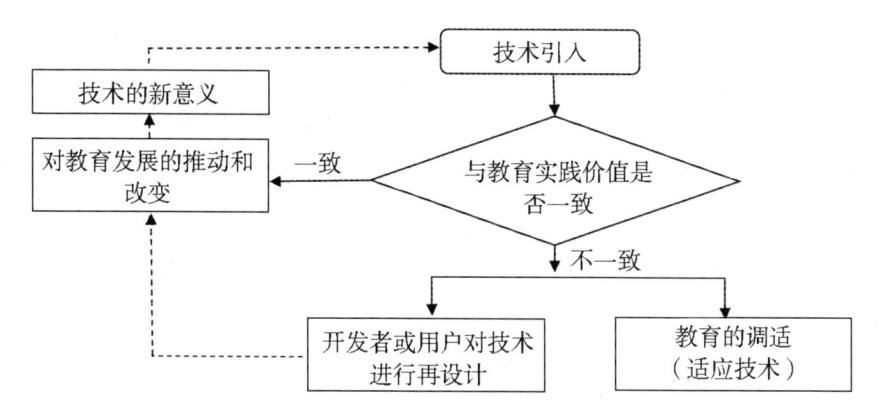

图 3-1　技术进入教育系统的示意图

技术进入教育系统，形成了技术实践与教育价值判断的矛盾，这对矛盾构成了技术与教育系统融合发展的推动力。当技术的实践与教育价值相符，技术实践对于教育发展起到促进作用，形成新的教育情境，继续接纳新的技术融入。而当技术实践与价值判断不相符，势必形成矛盾冲突，成为要解决的问题。一种出路是技术开发者或用户对技术进行再设计，另一种是教育进行相应的调整，在一定程度上妥协适应。

数字信息技术进入教材系统，亦经历了教材系统的价值博弈过程。教材随着学校教育从社会系统中分化独立出来而出现。我国古代的四书五经、蒙学读本等是教材的前身。近代我国社会发生巨大变迁，现代学校制度和现代教材配合整个教育知识体系的变革而出现。我国现代教材一直以来都是以纸张作为主要承载体，经过一百多年的发展，已经在编写、出版、发行和使用中，形成了稳固的模式。纸本教材的编写以三结合（学科专家、教材编写者与一线教师及教研员结合）的队伍为理想的人员构成模式；出版中执行以万分之零点五的差错率作为是否合格的标准（一般图书是万分之一）；发行以租型为主，保证课前到书人手一册；在使用中，配合班级授课制在课堂内外使用，是师生教学的主要资源。教材发展的模式经过与教育实践的长时间磨合，越来越稳固，体系自洽，与教学活动配合默契。随着信息技术的变革，最初数字信息技术开始进入教学辅助资源中，出现了光盘、课件、视听材料，配合纸质教材使用。后来出现了专门的数字教材研发，还伴随大量的辅助学习应用程序。数字信息技术介入教材体系，最初并非出自教材自身颠覆性变革的需要，它从弥补一点点教材的不足开始渗透，比如纸质教材无法呈现声音效果，出现了磁带、MP3等音频学习资源。对于这些资源的使用，师生都有充分的自主权，所以最初数字信息技术与教材体系的价值博弈并不明显。后来数字信息技术越来越多地介入教学活动，对于它的讨论也多起来。比如《正确适度应用多媒体技术 推动小学语文教学改革》[1]《多媒体技术在生物学教学中运用的研究与实践》[2]《多媒体技术在初中数学直线形教学中的应用》[3]等。这些讨论一方面肯定了数字信息技术的先进性，另一方面也表达了应该"适度应用"的呼声。"适度"中就表达了对于数字信息技术的教育价值判断，尤其对于数字信息技术引起的不良学习行为进行了批评。"课堂教学过程中适度应用多媒体技术对提高教学效率、激发学生学习兴趣，具有一定的促进作用。但若使用过度，则不利于师生之间的有效沟通和互动，不利于学生课堂学习。"[4]

数字教材的出现，是数字信息技术对于教学的核心资源进行变革的尝试。数字教材的研发由传统纸质教材出版企业率先启动，也有众多信息技术公司介入研发的过程。回顾数字教材诞生到发展的短短二十年历程，是数字信息技术主动与教材结合的过程，基本呈现了数字信息技术实践牵引教材发展的路径：以数字信息技术团队为主导进行开发，数字信息技术强势进入教材体系，并依据数字信息技术的特性，提出新的学习理念和模式，对原有的体系造成了一定的冲击。比如，碎片化学习、非线性学习、翻转课堂学习模式等。但当数字教材进入真实的课堂中，却出现了众多的不适应症。教师抱怨数字教材提供的资源不好用，没有围绕教学重点，不能根据需要取用实现个性化教学，不能添加教师选择的其他教学资源；学生认为数字教材只把他们当作

---

[1] 李嘉喜. 正确适度应用多媒体技术 推动小学语文教学改革 [J]. 中国教育技术装备，2012（7）：84.

[2] 曾庆福. 多媒体技术在生物学教学中运用的研究与实践 [D]. 福州：福建师范大学，2002.

[3] 董烈云. 多媒体技术在初中数学直线形教学中的应用 [D]. 呼和浩特：内蒙古师范大学，2011.

[4] 马玉杰，王大勇，滕朝军. 论多媒体技术在档案学课堂教学中的适度应用 [J]. 档案学通讯，2011（1）：58-61.

看客，没有让他们参与其中；家长则担心长时间使用电子产品会伤害学生的身体健康。这些使用心得，模糊地反映了教材价值体系对于目前数字教材的判断。只是这些价值判断声音还比较微弱。关于数字教材的价值判断无疑会影响未来数字教材的走向。有些价值判断，反映了教材发展的诉求，但有的价值判断并不具有前瞻性，价值立场也未必经得起推敲。进一步理清数字教材发展的价值诉求，可以指明未来数字教材建构的方向。如果数字教材的研发不对价值判断有足够的关注，不能发掘这些"牢骚"背后的价值根源，就不能把握未来数字教材的发展方向。更有甚者，若信息化的浪潮强行推进，让师生被动适应，教育信息化将与它预想的目标渐行渐远。而作为教育研究者，有责任将教材的价值体系深度挖掘、系统提炼，明确教材的价值体系、教材的价值诉求，为数字教材的发展指明方向。

第二节 技术先行的迷失

数字信息技术进入教育领域势不可挡。从基础教育到高等教育，从课内到课外，从教学内容到教学环境，数字信息技术都参与了改造。数字信息技术像个莽撞的孩子，在教育领域肆意施展拳脚，然而有时却适得其反，效果不被认同，遭人诟病。这些"改造"的初衷可能都是好的，希望教材对教学的支持能够更快捷、有效。但事实是，对于教材的技术改造，有时会出现背离初衷的结果。若技术脱离了教育自身运行的规律和轨迹，渐行渐远，日益迷失，甚至出现背离教育目的的举措，违背了教育的初衷，这即是教育中技术的异化。

一、数字教材中数字信息技术异化现象

"异化"在词源上有"分离""疏远""让渡"等含义。它在哲学上指主体

把自己的素质或力量转化为异己的、支配自己的东西。"异化"一词在哲学中备受关注。黑格尔哲学的基本前提是"绝对观念",异化是指"绝对观念"因其固有的矛盾,发展到一定阶段便转化为其对立物,分裂出与其对立并制约它的外在力量。① 费尔巴哈反对将绝对观念作为异化的主体,他将人作为异化的主体,提出了人的本质的异化。马克思继承了黑格尔和费尔巴哈的思想,运用历史分析的方法,着重对资本主义社会中人的种种异化现象做出深刻的政治经济学分析,指出了异化的根本原因在于私有制,并进行了严厉的抨击。"在资本对雇佣劳动的关系中,劳动即生产活动对它本身的条件和对它本身的产品的关系所表现出来的极端的异化形式,是一个必然的过渡点……"② 对于异化可以作这样的一般化理解:"主体在发展过程中由于自身的活动而产生出自己的对立面——某种客体,而这个客体又成为一种外在的异己力量反过来影响主体。"③

教育中数字信息技术的异化突出表现在技术的运用使得教育主体走向了自己的"对立面"——对教育者的替代和否定,对人的强迫、控制和漠视。"程序教学"的思想一度沉默,但随着新技术的发展,又燃起希望。而这种教学思想的实质就是替代教师,让学生跟着机器学,用程序控制人的学习。把老师的教学录成录像,放给孩子看,美其名曰可以反复多次地学习。人为地阻断了教师与学生生动的课堂交流,反复多次地看,就是想通过机械重复来弥补人与人直接交流的有效性。然而,对于学生来说,他们学习知识、学习做事、学习做人,需要的是有温度的人与人之间的教导、交流和交往。一些教学软件控制学生的学习过程,反复机械训练以达成固定的学习结果,束缚了学生学习的自主性,完全将学生与固定的学习流程绑缚在一起。再有,在教学管理中,监控教师的教学行为,使用刷卡签到等技术手段,看起来实现了管理的现代化,而教学管理是对人的管理,以刚性要求替代了人与人之间的温情,不仅让被管理者觉得毫无尊严,也让管理者丧失了别人对他们的尊

---

① 何新. 中外文化知识辞典 [M]. 哈尔滨:黑龙江人民出版社,1989:310.
② 中共中央马克思恩格斯列宁斯大林著作编译局. 马克思恩格斯全集. 第 46 卷(上)[M]. 北京:人民出版社,1979:520.
③ 郭冲辰,陈凡. 技术异化的价值观审视 [J]. 科学技术与辩证法,2002(1):1-5.

重。技术的运用还对人造成直接伤害，青少年沉溺于网络的虚幻世界不能自拔，初衷是借助网络放松自己，愉悦身心，最终反而成为网络游戏的附庸，迷失自我，深陷其中。电脑的使用，显示器对人的视觉影响，造成的手腕关节、颈椎等的疾病，都是技术的负向价值，是技术异化的结果。

在数字教材中，数字信息技术的异化现象也比比皆是：以影像的方式展示实验的过程，代替教师和学生亲自动手实验；以音频的方式替代教师的示范朗读，让学生跟着 Pad 学；数字资源庞杂、搜索路径不清，教师迷失在资源之中；以微课教学替代教师的课堂讲授；学习资源线性封闭，教师和学生无法选用适合的资源进行学习；过度开发数字资源，没有结合学科特点，磨灭了学科的特色，损害教学效果，造成资源浪费；数字教材扮演教师角色，从"人灌"到"机灌"，一味地向学生单向输入知识，学生只能被动接受，不能参与教学的过程中。总体来说，数字教材中数字信息异化的表现集中在：漠视教师教的权利，用技术替代教师的教学工作；没有将学生视为学习的主体，忽视学生的能动性、主动性，视学生为知识接收的容器；无视教材为教学活动服务的根本目的，以教材为知识输出的终端，阻断师生互动、生生互动。此外，数字信息技术的不当运用甚至还会干扰学生吸收知识的效果，损害学生的身体健康。

二、数字教材中数字信息技术异化的特点

数字教材中信息技术异化的特点与其存在的独特教育场域密不可分。数字信息技术全面参与数字教材的编制、出版和使用的过程。数字教材在教育活动中的使用，主要在于课堂教学并适度延伸至学生课前、课后的学习中。数字信息技术在教育中的应用领域很广，比如教育管理领域、教师教育领域，数字教材应用于教学领域，并且主要是课堂教学领域，它也因此具有了数字信息技术异化的独特表现。

我们可以将数字教材在教学活动中的实践机制表述为：教师—数字教材—学生。数字教材中数字信息技术异化的最终表现在于对学生的发展产生了负面的价值。

首先，将教学简化为信息输入的过程。教学是个复杂的教育过程。数字教材中的内容，并不是简单的信息，而是更高级的信息——文化、知识、思想等，因而数字信息技术超大的容量、更快的传输速度等优势，有时并不适合，增加容量或者加快速度对于教学活动而言，效用都不明显。教学的过程不是简单的信息传输过程，即并不是教师通过信息技术发布信息，学生接收到信息就可以实现教学目的的。然而，我们却常见，在数字教材的展示中，将教材的优势定位为大容量、随时随地使用、信息的多样化表达等。其实不恰当的数字信息技术应用，反而会干扰教学的有效性，有损于学生的学习成长。

其次，否认教师的主体地位，以数字资源替代教师。教材是为学生编制的，但是教材的使用者却是教师和学生。纸质教材看似不能改动，但是教师一直在对教材内容进行多种形式的二次加工，在课堂上呈现给学生的很少是原封不动的教材内容。数字教材在提供给教师很多"精美"资源的同时，却给教师的二次开发造成了一定的障碍。教师要么原封不动地使用教材内容，要么就只能弃之不用。数字教材如果没有给教师操作、个性化创作的空间，即是否定了教师对于数字教材使用的主体地位，这也是教师对于数字教材批评最多的方面。限制教师主体的教学行为，是数字教材特有的异化特点。教师失去了对教材使用的主体权利，无法对教材内容做适切性的改变，必然影响到学生接触的教学材料，也继而影响学生的学习效果。

最后，忽视学生的主体地位，视学生为信息接收的容器。学生同样是教材使用的主体，学生要利用教材来学习。数字教材若无视学生的学习主体性，将学生看作信息接收的容器，教材中大量都是知识的单方呈现，信息都是单向度的传输，那么学生对于教材内容就没有选择的权利，只能被动接受。其实交互性的数字资源最受学生的喜爱，学生可以参与其中，并且能够通过自己的操控来进行知识的建构。

第三节　数字教材中数字信息技术异化的消减

抓住数字信息技术异化的现象,透视现象背后的深层原因,才能有效消减异化现象。造成异化现象的原因是复杂的,我们应把握其中的根源,找准解决问题的方法,为数字教材科学建构提供明确的思路。

一、数字教材中数字信息技术异化的原因

技术异化是技术负面价值的体现,技术的价值双面性是其特殊的属性之一,因而,技术异化就存在一定的必然性。探究技术异化的根本原因,有利于有针对性地弱化它的异化程度。造成技术异化的原因,既有客观因素,又有主观因素。在这里我们集中探讨数字教材中数字信息技术异化的原因。

(一)数字教材中数字信息技术异化的客观原因

数字信息技术的发展速度有目共睹,相比传统的技术,其更新换代的周期短而又短。快速迭代也是数字信息技术的一大属性。无论是系统性的更新,还是新技术的发明,都促使数字信息技术一直处于变化之中。人们总是在不断追求更好的数字信息技术解决方案,让信息处理的速度更快更强。这也表明,数字信息技术的不成熟是一种常态,技术缺陷是不能避免的客观事实。数字信息技术的缺陷植根于它难以摆脱的本质属性。

1. 系统复杂性

数字信息技术的系统复杂性与一般技术的特性一脉相承,并且有过之而无不及。综观技术的发展史,不难发现,技术是人类智慧的结晶,从最初的石器时代的简单工具,到现在的大量技术的集成,技术的复杂性特征越来越突出。最初的技术,其功用也十分简单,经过简单的学习和操作就可以掌握。

随着工业革命的爆发，技术越来越复杂，大幅度提升了社会生产力，同时对于掌握技术的人的素质要求也越来越高。无论对于物化形态的技术还是对于智能形态的技术，其复杂程度都是在不断升级的。从风筝到航天器，从一项实验操作到科学研究的范式，无不印证了技术的复杂性。

系统性是当今社会技术的基本存在状态，也是技术构建过程中的典型特征。技术无疑是一个复杂的系统。最初的技术，比如简单的石器、铁器等，其功能指向性非常明确，稍加练习就可以操作，并且功能的扩展性较弱，技术的单纯性限制了功能的外部延伸性。但现代的技术，是技术与技术的复合体，技术的功能并不一目了然，例如电脑操作技术，仅靠看或者简单模仿，是无法进行深度操作的。而复杂技术具有一定的功能扩展性。复杂性当然是当代技术的一个突出特性，但是大部分物体都具有复杂性的特征。比复杂性更加贴切地用以描述技术特征的，可以选用系统性。系统性一方面包含了复杂性的含义，同时也兼容低级技术形态。同时，它更加强调技术之间的组合及组合的质量。多种技术的复合必然要考虑如何组合，以怎样的方式组合的问题。而技术的演进，一方面是有新的技术加入原有的技术系统中，并且原有系统的优化、结构性的系统性的改进，也是技术进步的原因之一。笔者认为，把握现代技术掌握其系统性特征是第一要义。

数字信息技术将复杂性和系统性的特征发挥到了极致。物化的数字信息技术工具，电脑、手机、平台，都由复杂的元器件组装而成，并且是系统集成的方式。智能化的数字信息技术，编程、解码、运算，亦是复杂又系统化的智力过程。数字信息技术的系统复杂性，还体现在牵一发而动全身的效应。某一技术更新，就要进行系统化的更新；而系统的更新，也要求某一技术改进；要保证系统内部兼容、匹配。信息技术的系统复杂性还预示着，正在使用的数字信息技术很可能就已经落后了。于是，数字信息技术的缺陷就给使用者造成了使用的不便。比如，数字教材采用了某种先进的软件，却在相对落后的硬件上无法运行，导致课堂教学不顺畅，背离了为教学服务的初衷，产生数字信息技术异化问题。再如，数字教材的版本不断更新换代，若没有及时更新，就无法顺畅使用，这样给使用主体造成了额外的负担，也并非数字信息技术的初衷。系统复杂性是信息技术发展到今天的特性，而且会愈演愈烈，也即会越来越系统化，复杂程度会越来越高。诚然，系统复杂性会带来使用的简便性，但是也增加了出现故障的风险。以数字信息技术为依托的数字教材，也难以摆脱数字信息技术异化的风险。而且，数字信息技术的系统复杂性，就要求使用者深谙其中的使用规则，因而必然在一定程度上给使用者造成负担，强迫使用者遵守系统规则。

2. 价值两重性

技术的价值两重性是技术另一个突出的本质特性，数字信息技术也不例外。马克思对于技术的两重性给予了深刻的描绘：技术在推动社会历史进步方面充当了历史的不自觉的工具，但它也是人们遭受奴役的元凶，文明每前进一步，不平等也同时前进一步。文明产生的社会为自己建立的一切机构，都转变为它们原来的目的的反面。这也是技术发展的"二律背反"。①

信息技术的两重性，首先体现在它应用效果的两重性。大部分技术的应用效果都有正反两方面的效果。有些技术最开始的研制和应用是为了利用自然、改造自然，但遗憾的是，多年以后发现对于自然的破坏极其严重。日本技术史专家中山秀太郎对于技术的两重性这样描述：技术是用来改造自然而使之向有利于人类方面转化的。显然，只要使自然界发生某种变化，就会引起对自然的破坏。因此，不会有什么绝对安全或者无公害的技术。② 人们认为有的技术是无害的，只是受制于当时的认识水平，但是过了一定时限，人们就会发现技术的弊端。曾几何时，人们在选鞋子时，为了辨别是否真的合脚，都会拍X光片，以为那会更加科学有效。后来人们才认识到X光的辐射作用，但为时已晚，它已经对人的身体造成了不可逆转的伤害。③ 数字信息技术增强了信息的承载能力，加速了信息的传播速度，却造成了信息的泡沫，让人迷失在浩瀚的信息中。有些数字教材链接了大量的课外资源，原本是为扩展学生的视野，却让学生忘却了教材的核心内容，流连于外部资源，而这些资源

---

① 赵建军. 技术本质特性的批判性阐释［J］. 自然辩证法研究，2001（3）：35-38.
② 中山秀太郎. 技术史入门［M］. 姜振寰，译. 济南：山东教育出版社，2015：13.
③ 曼弗雷德·施皮茨尔. 数字痴呆化：数字化的社会如何扼杀现代人的脑力［M］. 王羽桐，译. 北京：北京时代华文书局，2014：99.

有些未必对学生有益。有些数字教材自身嵌套了太多的动态资源，教师需要花费大量的时间甄选内容，在课上花费大量的时间播放这些资源，减少了师生有效的课堂互动。还有些资源太过花哨，特别容易分散低龄学生的注意力，让他们的关注点远离课堂教学内容。

技术的两重性，还表现为技术的自然属性和社会属性。技术作为改造工具和手段，必须符合自然的规律，它本身就是充分利用、放大了某些自然规律的结果。因而技术必然带有自然属性。同时技术的目的指向是为人类的需求服务，按照人类的意图去改造、升级。社会条件影响和制约了技术的发展方向、进程、速度。数字信息技术的快速、海量是其追求自然属性进步的结果，但是这些属性放到不同的社会系统中，未必能够与目的相吻合。在教育体系中，依靠数字信息技术的先进性，使得大量的学习内容很容易进驻到教材中，而教材也不必付诸印刷，依靠网络即可传播，但是这些特性对于帮助学生学会学习这一目的而言，并不具有必然的正面效应。是否越多的内容越有利于学习？是否传播越快的内容越有利于学生吸收？信息技术自身的某些属性，不仅不能带来好的学习效益，相反，可能会引起不良的学习效果。这些即是数字信息技术的价值两重性的体现。

3. 相对自主性

技术是否具有自主性，在学界争论不断。法兰克福学派、斯本格勒、芒福德、埃吕尔、西蒙顿等都认为技术是自主的，但拉普、萨克塞、米切姆等众多学者则坚持认为，技术只是人类的一种有目的的活动，它不可能完全独立于人类成为自主发展的力量。法国技术哲学家 J. 埃吕尔是自主技术论的突出代表，认为技术是一种具备自主性的力量，已经渗透到人类思维和日常生活的方方面面，它具有了对自己命运的控制能力。在《技术社会》一书中，他阐述了自主论的主要观点。① 第一，技术具有自我决定性。技术已经成为自我存在、自我充实的现实，并有自己的特殊法则和自己的决定论。第二，人的地位、目标是由技术决定的。比如，人类不适应于钢铁的世界，但技术使人类适应。技术将这个盲目的世界重新安排，使得人类对严酷的世界逆来顺受，安于非人性化的生活并成为其中的一部分。技术的自主性使今天的人类

---

① ELLUL J. The Technological Society [M]. New York: Vintage books, 1964.

不可能选择自己的命运。"如果技术与人类的目标不确切相合，而一个人企图让技术去适合自己的目标的话，一般立刻可以看到，他修改的只是目标，而不是技术。"第三，技术决定社会经济和政治的变革。无论是经济的还是政治的进化都不能阻止技术的进步，技术的进步也不取决于社会形势。相反，技术会诱发和制约社会、政治和经济的变革，技术是其余事物变革的最初动因。第四，技术不会给人带来自由。技术使人类从古代低生产力的种种束缚中解放出来，但并没有减少人自身的压抑。从根本上说，技术的效果是反对自由的。在社会中，技术的活动越多，人的自主性就越少。埃吕尔将技术的自主性做了绝对化的阐释，因而招致很多严厉的批判。拉普指出："任何片面化的描述，尽管有其实用性，但由于把技术看作是自主的主体，故在实际上给出了一幅根本错误的图景。""技术领域中的一切事物都是人创造出来的，因而，取决于特定时期的人的占支配地位的价值观和目标。"① 温纳对埃吕尔的技术自主论进行了修正，他认为技术是规范或促使一些特定的政治与社会结构发生变化，而并非是硬性决定。这些变化既可能适应也可能不适应已有的社会价值系统。技术建立一种人类生存于其中的特殊环境，技术建立了许多人们赖以生活的规则。② 温纳的修正，一方面承认了技术和社会诸因素之间的相互影响，也指出了现代社会人们已经无法脱离技术而生活的事实。如果说技术没有绝对的自主性，那么人的自主性也无从谈起。

技术的自主性从其不断进步的历史中有充分体现，而且，某些技术的迭代，并不能够找出明确的社会影响因素。技术自己的进步有其独特的规律。我们没有理由否认技术的自主性，但是也没有理由将这种自主性盲目地扩大到任何时间和空间的技术进步中。因为我们同样可以列出诸多人为因素促进技术生长的案例。或许我们应该将技术的发展看作是内外因相互作用的结果，内因即技术自身的发展逻辑，外因是技术所处的社会背景和社会系统。在不同的情境中，两种因素相互促进，互动交融。因此，我们承认技术的自主性，

---

① RAPP F. Analytical Philosophy of Technology [M]. Dordrecht: Springer, 1981: 134-140.

② LANGDON WINNER. Autonomous Technology: Technics-out-of-control as a Theme in Political Thought [M]. Cambridge, Mass: MIT Press, 1977: 17-25.

也是承认它的相对自主性，而非绝对自主性。相对自主性就意味着人对于技术的影响是其发展的根本性影响。没有人就没有技术，这是技术存在的一个基本前提。

数字信息技术的相对自主性和人的相对自由有紧密的联系。一方面，现代人自诞生之日起，既有的信息技术环境就是他们发展的客观要素，每个时代的人面临的信息技术环境不同，人的发展所需要负载的信息技术能力也不同。信息技术是人的必备技能，而成为哪些信息技术的承载人，却因时代不同而不同。另一方面，信息技术作为人造物，必然受到信息技术创造者和特定社会群体直接、间接的目的与价值导向规约。"技术在细节上可以被精心地选择、出色地规划和理性地塑造，而作为整体，技术活动及其后果又是独立于人的和决定人类命运的难以控制的力量。"[①] 数字信息技术并非专门为教育或者说教材创造的，它在社会其他领域广泛应用之后，蔓延到教材领域。它建立了数字信息技术的外部环境，建立了数字信息技术的应用文化，还有人们使用数字信息技术的基本能力和习惯。这些都迫使教材系统进行信息技术变革。对于教材的变革或多或少有强迫主体改变的意味。并非出于主体意愿，"强迫"主体去使用，这些都带有数字信息技术异化的嫌疑。

（二）数字教材中数字信息技术异化的主观原因

广义的信息技术，包括物化和智能形态，物化形态的技术通常是狭义的信息技术，而智能形态的技术则还包括处理信息的方法。从信息技术的定义中，可以看到它的内涵十分丰富，也预示着它的复杂性。更重要的是定义中暗含了人与信息技术的不可分割性，尤其是智能形态的信息技术，与人的认识的发展息息相关，它的发生、发展和结果均离不开人的参与。下面我们将从主观因素方面系统分析信息技术异化的原因。

信息技术异化的主观原因，在于人，确切地说在于人认识的局限性。"理论认识落后于技术变革的实际过程。这就是人类有目的、有计划地创造出来

---

① 郭冲辰. 技术异化论 [M]. 沈阳：东北大学出版社，2004：188-191.

的技术如今成为一种可怕的异己力量的原因所在。"① 在技术实践过程中，缺少了正确的理论导向，使技术产生了人们预期之外的负面效应。细数数字教材中数字信息技术异化的主观原因，包括如下几点。

1. 主体缺位

数字教材的创造主体和使用主体不同，教材的使用主体在数字教材的创造过程中缺位。诚然，数字教材在研发的过程中，会做使用者的需求调查。这是典型的电子产品研发思路。在纸质教材的编写队伍中，一般会有教研员或者特级教师这些教材使用者直接参与其中。而有的数字教材依托纸质教材，只是依靠技术人员对教材进行"二次开发"。教师、学生这类教材真正的使用者在教材研发中是缺失的。所谓的需求调查对使用者来说，也几乎形同虚设。有很多常见的需求，如果不反映在问卷中，有谁会特意提及？而研发的技术人员对于教师和学生使用教材的方式有多少深切的体会？在数字教材中，技术行为主体（研发者）和技术使用主体不同，行为主体难以把握使用主体的价值观。教材和学生、教师是什么关系？教师和学生使用教材有哪些共同之处和不同之处？这些问题需要专门的教材研究理论来回答。"技术行为主体也就是人对技术所持有的不恰当的价值观，使技术处于与人竞争的境地，这是主体性原因。"② 数字教材是个新生的事物，即使有教师或者学生参与了教材的研发，也难以全面表达他们的"需求"。作为教学活动的局内人，如果没有跳出圈外的研究视角，如何能将司空见惯的教学行为与数字信息技术结合？作为数字信息技术的局外人，更是难以具备数字信息技术的研究视角。数字教材主体的参与是个缓慢的过程。但就数字教材研发的初始阶段来说，教材使用主体的缺失是其偏离技术初衷的一个重要因素。

2. 对教材本体价值理解错位

数字教材中信息技术异化的主观原因还表现为研发者对于教材本体价值理解的错位。教材是什么？它在教学中发挥什么作用？它与教师和学生有怎样的独特关系？数字教材的研发者对这些基本问题的理解有些偏差。比如，

---

① F. 拉普. 技术哲学导论［M］. 刘武，等，译. 沈阳：辽宁科学技术出版社，1986：2.

② 郭冲辰. 技术异化论［M］. 沈阳：东北大学出版社，2004：188-191.

将教材视为一般的电子读物，于是在信息表达上做足了功夫，对精美的页面设计、多种信息表达方式有不懈的追求。这些固然很重要，但并非教材最重要的部分。有些炫彩的画面和过于丰富的知识表达方式，反而不适于在课上使用。将教材单纯地视为学生的读物，于是让教材自己发声成为必需，不分学科增加语音识读功能，但在实际教学中却很少使用。有数字教材将拼音注音作为基本功能嵌入数字教材中，殊不知，在教学中应避免给已经学过的字注音，只需给生字注音。将教材视为教师的备课工具，于是提供大量的免费教案，却仍然被教师抱怨没有合适的资源。更不用说那些以纸质教材为模本，不考虑教学重难点，将现成的动画资源直接嵌套在教材中的事例了。这些现象在早期的数字教材研发中并不少见。这些技术异化现象，说明了研发者对于教材的本体价值认识不清。

3. 使用者能力不足

数字教材要在课堂上使用才能发挥它的效用，而使用者的数字信息技术素养高低也直接影响数字教材是否发生技术异化问题。这当然也源自技术的复杂性。同样的技术交给不同的人，会有不同的结果，这就是技术的复杂性。即技术本身就已经具备了复杂性的特征，而这种复杂性特征，因为人为的操作、演化，变得更加多样。比如一辆汽车，不同的人驾驶起来会有不同的效果。"马路杀手"和F1赛事的选手，其差别不可同日而语。同样的规章制度，在不同的企业间执行的效果也大相径庭。技术的多样复杂性，使得人们为了掌握某种技术，必须要付出大量的时间精力，精益求精。在信息社会，数字信息技术是重要的学习内容，它虽然通常旨在将事物变得简化易操作，但是如果没有系统学习，也会成为"技术盲"。同样的数字化资源，有的老师用得恰到好处，有的老师用得刻板；有的老师让其提升了教学的效果，有的老师却让其影响了课堂的进度。大量的研究表明，目前中小学教师的信息素养有待提高，佐证了部分教师在使用数字教材时会出现不当的操作。

4. 经济利益推动

新技术转化为生产力，随之带来可观的经济效益，这也是数字信息技术大举进入教育领域的一大动因。有很多企业试图将最新的数字信息技术应用于教学资源的建设，并宣称新技术具有诸多优势。借助数字信息技术的更新换代，让新的资源替代原来的资源，新的硬件替代老的硬件，但是替代的背后未必是出于教学的考虑，经济利益的推动可能是更深层次的原因。经济利益说到底也是人为的因素。数字教材研发企业不得不考虑投入和产出的效益比。使用哪些技术，这些数字信息技术的使用到底是因为教学的需要还是因为经济利益的考虑？一旦考量的后果是技术利益优先，那么很难保证技术化的产品能够实现它最好的教学使用效果。因而，经济利益也是造成信息技术异化的不可避免的主观因素。

我们看到，数字信息技术发展的过程不时地将人们带入价值选择的被动境地，经历价值选择的痛苦。这种痛苦表现为人必须在技术价值和人的价值之间进行权衡，在"技术价值和人的价值之间寻求一种平衡"①。纵然数字信息技术的异化有其固有的客观原因和不可避免的主观原因，使得这一问题或多或少地产生，但作为技术的发明者，人类应该努力减少技术异化的程度，以期让技术能够更好地为人服务。

二、数字教材中数字信息技术异化的根源

数字信息技术的异化是数字教材的编者和使用者都不愿意遭遇的，但技术异化基于技术自身的缺陷，是不可避免的。而当人类意识到技术异化的必然性，就存在了消减异化的可能性。人类驾驭技术的主体性也突出体现在对于技术风险的控制，致力于将技术异化的风险降至最低。也就是说，技术异化不可能在绝对意义上被消灭，但随着技术的不断成熟，人为的强有力干预，技术异化可以尽可能地弱化。前文系统分析了数字教材中数字信息技术异化的原因，为我们探讨消减异化的方法提供了基础，不过要最大化地弱化数字信息技术异化的影响，还需要从根本上把握异化的根源。

在洞察数字教材中数字信息技术异化的根源之前，笔者关注到这样一种现象。有相当一部分人，包括研究者或者教师，对于数字技术在教材和课堂中使用有抵触情绪，一个简单的理由是，如果我们借用书籍、粉笔和黑板这

---

① F. 拉普. 技术哲学导论［M］. 刘武，等，译. 沈阳：辽宁科学技术出版社，1986：152.

些简单的信息技术工具就可以很好地完成教学工作，为什么非要使用数字信息技术？如何看待这样的疑问？技术现象学研究者唐·伊德批评说有的技术哲学家对待技术的解释有一种反面乌托邦的色彩，带有"浪漫主义的或怀乡病的情绪"①。他还引用阿特胡斯的话说："理解这种新的文化现象，而不是像患了怀乡病一样拒斥技术，要求回到以前似乎可能存在的自然与文化之间的关系中，正统的技术哲学家认为这种关系似乎更协调和充满了田园牧歌式的情调。"②"怀乡病"是一种比喻，而为什么有这种怀念简单技术支持的教育情境的情怀值得深思。

纵观技术发展的历史，技术与人的关系经历了技术是人体的一部分到技术逐渐外化的过程。在现代信息技术迅猛发展之前，技术与人紧密结合，技术对人的依赖性很强，人与技术是一体的。原始人使用的工具，是其身体能力的延伸。投掷标枪的技术因人而异，标枪在不同人的手中会有不一样的效用。此时，人与技术的关系非常和谐。没有人就没有技术，没有技术也就没有人。技术带有"附魅"的特征。"魅"即吸引人的，神秘的东西。技术的附魅指技术蕴含的某些神秘的有魅力的东西。以前，教师授课凭借粉笔、黑板等简单技术工具，这些工具与人的教学艺术发挥融为一体，不可复制。每个教师都使用粉笔、黑板，但是每个教师的板书风格完全不同。教学活动本身也具有"艺术"的特征，简单技术产品完全依附于教师，不能独立存在，独立存在没有任何教学意义。附魅的技术与个人紧密相连，不能大规模传播，也不能继承。如果人不存在，技术也随之泯灭。

后来技术的发展成熟，延伸了人的能力，无论是体力还是智力方面，成为一种体外技术。这些技术不需要与人体紧密相连。大机器生产中，只要按照操作程序，任何人都可以操作，操作的结果也相同。体外技术的结果一般都是"标准化"的，技术的"驱魅"特征明显。自动化的技术不知疲倦，但是也不会变通，没有适应性，不会因人而异。技术能够独立于个人而存在、

---

① 唐·伊德. 让事物"说话"：后现象学与技术科学[M]. 韩连庆，译. 北京：北京大学出版社，2008：27.

② HANS ACHTERHUIS. American Philosophy of Technology：The Empirical Turn [M]. Bloomington：Indiana University Press，2001：6-8.

运转，既是人的能力的延伸，也可以脱离人而独立存在。于是技术和人之间除了协调、促进之外，有了另一种可能关系——竞争。从前文描述的数字教材中数字信息技术异化的表现中就可以看到，如果数字资源替代了教师的教，又阻止了学生的学习参与，仅仅作为一种封闭的外部存在物在课堂上展示，那么数字信息技术异化就发生了。如果处理不好人与数字信息技术的关系，将数字信息技术作为人的替代物，使人和数字信息技术处于竞争关系是数字教材中技术异化的根源。

要最大限度地避免或者弱化技术异化的影响，正确处理人与技术的关系是解决问题的关键。而关于物与人的关系问题，在哲学中价值论的讨论颇有启迪。价值论"立足于主体和客体的关系来考察价值，总体上把价值看作是客体对主体的意义"[①]。尤其数字教材这个新的复杂程度高的教育产品，比纸质教材这个相对简单又非常成熟的信息技术产品更容易陷入技术异化的泥沼，考虑数字教材的建构问题，务必应明确其价值立意、价值指向，进而提升其价值实现。

三、把握数字教材中数字信息技术的价值导向

（一）正视数字信息技术的价值引导

技术的价值观问题，从根本上说，同样是如何看待人与技术的关系问题。技术本身是价值中立的还是有价值偏向的，学者们有不同意见。持技术价值中立者如雅斯贝尔斯、G.梅塞纳、卡西尔等人，认为技术本身是中性的，无所谓好与坏，只是那些创造和利用技术的人，使得技术贴上了善意或恶意的标签。"技术在本质上既非善的也非恶的，而是既可以用以为善亦可以用以为恶。技术本身不包含观念……只有人赋予技术以意义。"[②] "技术为人类的选择

[①] 王玉樑，岩崎允胤. 中日价值哲学新论 [M]. 西安：陕西人民教育出版社，1994，14.

[②] JASPERS K. The Origin and Goal of History [M]. New Haven：Yale University Press，1953：115.

与行动创造了新的可能性,但也使得对这些可能性的处置处于一种不确定的状态。技术产生什么影响、服务于什么目的,这些都不是技术本身所固有的,而是取决于人用技术来做什么。"①

当技术的发展使那些"善"的举措带来累累的负面效应时,人们开始批判地思考技术是否是中立的。海德格尔、马尔库塞、哈贝马斯等人都强调,技术负荷社会中人的价值。"技术若脱离了人类背景,就得不到完整意义上的理解。人类社会并非文化中性的人造物。设计、接受和维护技术的人的价值观与世界观、倾向与利益必然体现在技术上。"② 技术无论从其产生的条件、制作的过程还是最后的结果,无一能脱离人的影响。这些影响有些是有意的,有些是无意的,但可以肯定的是,无法屏蔽这些影响。没有独立于这些影响之外的中性技术。也就是说,任何技术都是与人类的价值裹挟在一起,无法分离的。技术是价值负荷的产物。

关于技术的价值负荷,传统上分技术乐观论和技术悲观论。技术乐观论认为技术能够帮助人类获得自由,征服自然,并为人类走向美好未来提供有力的保障。他们也并非完全无视技术的负面作用,但认为这些都可以通过更先进的技术来解决。这种价值观无疑低估了技术的风险,盲目乐观,会放松对于技术风险的警觉,有些重大的问题并非单靠技术就可以解决的,一旦造成严重的后果可能无法挽回。在整个技术实践的过程中,保持良好的价值导向,不放任技术的"自主发展",才能保证技术对人的有利倾向,避免导致技术与人竞争的危险。而另一个极端——技术悲观论者认为,技术是一种自主的力量,可以威胁人类的非人性力量。对于数字信息技术,他们更多关注的是信息技术造成的人际疏离、灵魂空虚、娱乐至死等。对于技术与人的冲突具有突出的敏感性,并从技术的力量中感受到了技术对人的威胁。用绝对化的论调来阐释技术的价值倾向,对于具体问题的解释度并不大。也有技术中心论试图模糊技术自身的价值负荷,认为技术的价值因人而异。但事实是,

---

① EMMANUEL G MESTHENE. Technological Change: Its Impact on Man and Society [M]. New York: New Ameican Library, 1970: 60.

② JOHN M STAUDENMAIER. Technology's Storytellers: Reweaving the Human Fabric [M]. Cambridge, Mass: MIT Press, 1989.

在技术的实践过程中，从设计到运行都充满了价值导向。

在分析具体问题时，用技术建构论的观点看待技术的价值问题更具说服力。技术建构论者认为，任何技术活动的发生与发展都有一定的社会前提，也就是说技术活动都是某种社会活动。技术的价值负荷也与特定的社会条件密切相关。"社会主流意识形态所表现出来的价值取向在很大程度上决定了当时技术所蕴含的价值取向。"① 我们看到，目前世界各国的教育政策中，对于数字信息技术都带有积极的价值取向，希望数字信息技术的变革可以对教育质量的提升有正向的作用。但是这种价值导向，对于具体事物的建构并不必然产生积极的价值结果。对于教育领域中数字信息技术参与具体事物的构建，应进一步明确事物的教育价值，用正确的价值导向引导该事物对于教育主体的影响。价值引导过程也会随技术事物的发展演变而不断调整，事物本身的发展态势也会在一定程度上影响价值观念。对于数字教材的建构，务必应明确其价值方向，并在数字教材建构和实施的过程中，以价值导向积极干预数字教材的发展。

（二）教育中数字信息技术的价值导向

技术遍布于人类社会的各个方面，而与本研究密切相关的无疑是教育环境中的技术。技术哲学中关于技术与社会的关系是最受关注的话题之一，而其强调技术与社会的双向互动关系特别值得肯定。限定教育场域作为讨论的前提，旨在探讨教育中的技术有哪些独特性。技术对于教育的影响也无疑是多方面的。

"场"最初是个物理学概念，指物质时空环境中各种因素的相互作用。"场"不是指物质本身，而是物质发生作用的范围。② 后被引入社会研究领域。迪尔凯姆是较早使用"场"概念的社会学家。他认为事物必须在一定的"场"中才能存在和表现。社会现象的"场"就是社会环境。必须把社会现象放在

---

① 颜士刚. 教育技术哲学 [M]. 北京：中国社会科学出版社，2015：127.
② 刘建明，张明根. 应用写作大百科 [M]. 北京：中央民族大学出版社，1994：146.

整个社会的背景中去考察，发掘影响它的存在和发展的多种社会联系。① 布迪厄对于场域的概念做了更系统的论述。"一个场域可以被定义为在各种位置之间存在的客观关系的一个网络，或一个构型。"② 布迪厄将社会这个空泛的概念，划分为各种功能、文化不同的场域，如经济场域、艺术场域等。每种场域又由更小的场域构成。并且较好地限定了对技术问题讨论的情境。本研究中的"教育场域"借用"场域"的核心内涵，指在教育参与者和教育资源相互之间所形成的一种以人的培养为旨归的关系网络。教育场域强调关系思维，要求对场域内的事物按照教育的特征和规律来理清各种事物之间的复杂关系。

教育场域中的数字信息技术，就是谈论数字信息技术与教育领域内的人和其他事物的关系。教育的领域很宽泛，而技术的范畴更甚之。我们需要聚焦的是教育领域中的技术，或者说当技术进入教育之后应该遵从的发展规律。何谓教育中的技术？是指一般意义上的技术由于特定的属性、功能被引入教育领域，经过一段时间的磨合，融入到教育系统中，成为教育中的技术。③ 教育的本质是培养人。纵观信息技术进入教育的历史，信息技术曾经推动了教育形式的变革、教学方式的变革，但是并没有改变教育培养人的本质。在教育领域里讨论技术问题，势必要首先定位技术与教育的基本关系。教育中的技术不仅要遵循技术的基本发展规律，更要适应教育的基本规律。而技术的属性中为了人的目的与教育的本质培养人是根本一致的。马克思认为，技术和劳动以及人的本质具有内在一致性。技术作为人的创造物，其本质是人的本质力量的对象化。④ 从人的角度去理解技术在教育中的存在价值和把握技术在教育中的发展动向，是探讨教育中的技术问题的一个基本原则。而从教育的视角来观照人和技术的关系，是讨论教育中的技术问题的出发点。教育中的技术一定要为更好地培养人服务，为了更好地促进人的发展服务。教育价值的实现，是技术在教育中是否运用得当的衡量标准。系统定位教育中的数

---

① 埃米尔·迪尔凯姆. 社会学方法的规则[M]. 胡伟，译. 北京：华夏出版社，1999：5.
② 皮埃尔·布迪厄，华康德. 实践与反思——反思社会学导引[M]. 李猛，李康，译. 北京：中央编译出版社，1998：133-134.
③ 单美贤，李艺. 教育中技术的本质探讨[J]. 教育研究，2008（5）：51-55.
④ 许良. 技术哲学[M]. 上海：复旦大学出版社，2005：53.

字信息技术的价值导向，需要把握如下关系。

第一，教育场域中数字信息技术价值的实现在于其育人价值的实现。教育活动的主体、目的都是人，离开对人的关怀，就无法讨论教育问题。数字信息技术在教育场域中必须观照人的发展。数字信息技术自身的发展规律可能在于不断更新，但并不是所有新的技术都能在教育中发挥作用，或者说不能肯定其都能发挥积极的作用。数字信息技术若要纳入教育的范畴中，势必要考虑其育人价值。举个通俗的例子，扫地机已经在很多普通家庭中广泛使用，但是在学校中，学生们还在使用"原始"的扫地工具，并由小组协作完成，意在培养其爱劳动的品格。这一现象表明，技术的先进性并非可以在教育场域中完全容纳。有很多技术看似很适合教育领域应用，比如电视教学的尝试，但使用之后，效果并不尽如人意，最后也不得不舍弃。由此看来，技术在教育场域中生存要遵循教育对于技术的要求。而准入和摒弃技术的标准，就在于是否有利于人的培养，是否能促进教育根本目的的达成。此外，还表现在技术能否适应教育中的文化，能不能与教育的相关事物形成良性互动，能否有效融入教育的场域。这些外在表现的根基，仍然在于是否能够对人的培养发挥积极有益的作用。归根结底，教育场域中的技术价值的厘定标准在于育人价值的实现。

第二，教育场域中数字信息技术的发展推动力在于教育主体需求的演化和不断生成。教育场域中的技术是不断生成和演进的。随着社会生产力的发展，社会对于教育的总体发展提出了不同的要求，进而教育对于其中的技术也提出了特定的需求。工业化大生产阶段，对于大量有一定文化水平的产业工人的需求，使教育规模迅速扩张。教育自身的发展要求教育中的技术要能够提供这种支持，于是纸张、现代印刷术，还有班级授课制等有形和无形的技术都迅速融入教育场域中，并发挥了巨大的作用。在信息化社会，社会发展对于创新性人才的需求大幅提升，教育对于个性化人才的培养格外重视，于是，个性化的教育资源、个性化的授课方式、个性化的信息技术支持，就有了前所未有的充分发展空间。同时，技术在融入教育场域的过程中，因为与其他教育因素的积极互动，也带动了其他教育因素的变革和发展。教育场域中的技术多种多样，这些技术之间的组合和系统化程度也因不断磨合而不断提升。多种技术之间构成了一种生态系统,技术之间和谐共生,而技术与技术的相融合,可以形成大的技术系统。无论是单项技术的改进,还是技术系统的融合演进都依据教育主体的需求而改变。教育中的人不是一成不变的,现在的教育主体和一百年前的教育主体的需求是不一样的,教育所需要的技术支持也是不一样的。

第三,教育场域中数字信息技术的发展趋势是与教育内容、教育参与者和教育方式等的深度融合。场域中的每个单因素都必须与其他因素发生关联,不可能特立独行。教育场域中的技术也很难与其他教育因素分离开来,技术进入到教育中的最高境界是技术的"消融"。[①] 当教师熟练掌握了讲授技术,你看到的是不着痕迹的流畅教学过程,技术与人融合为一体。当一项新的技术进入教育领域时,要和教育参与者以及既有的事物深度融合,包括教育内容、教育方式等。图书文字和教育内容的结合形成了教材,时间管理、人员管理和任务管理的技术与教学结合,就形成了班级授课制的教学方式。数字信息技术与既有的教育系统的融合,从诸多不适应症,到教育参与主体、教育内容构建、教学方式等等与之渐渐融合,使我们真切地看到了数字信息技术与教育场域中各因素系统融合的可行性。技术进入教育场域中,生存和发展的整体趋势是与各因素的连接越来越紧密,不可分割。当我们无法将之摒弃,无法将它从教育系统中剔除,就说明它已深深地扎根于教育场域之中,并且因为它参与了教育的积极过程,与其他因素融合共生出新的技术系统。如果技术未能很好地实现融合,它将渐渐游离于教育系统之外,最终被淘汰出教育领域。

当数字教材经历了实践先行的发展轨迹之后,经过一些模糊的价值判断,是时候进一步明确数字教材的核心价值,并以此引导数字教材建构的方向了。教育技术哲学的诸多研究对于数字教材的建构给予了很大帮助。首先,对于数字教材而言,信息技术与教材的融合,应明确其价值导向,也就是说要明确数字教材的核心价值,构建数字教材的价值体系。这对于数字教材的建构和使用都是具有理论指导意义的。其次,在数字教材的价值体系中,应充分

[①] 余胜泉. 技术进入到教育中的最高境界是技术的"消融"[J]. 信息技术教育,2007(4):1.

考虑教育系统独特的价值关系（数字教材与教育主体的关系，数字教材与原有教材体系的关系），借以明确数字教材的价值导向。再次，数字教材价值体系的建构直击数字教材建构的根本性问题，但是不足以全面解决数字教材中信息技术的异化问题。

第四章 数字教材价值体系框架

实践先行的数字教材建构路径，经过数字信息技术与教材结合的初步尝试，在面对教学实践时遇到了尴尬的境地。主要表现是数字信息技术的异化，究其原因是未能处理好技术与人的关系问题，于是树立正确的数字信息技术价值观，进一步明确数字教材的核心价值，并建立数字教材价值研究体系成为探讨数字教材建构理论的必需。

第一节 教学价值是数字教材的核心价值

数字教材是教材的一种新样态。数字教材的核心价值与教材的核心价值一脉相承。关于教材的本质、功能等问题讨论相对较多，但直接讨论教材的价值、数字教材的价值问题，在学界并不常见。所幸，讨论教材的价值是什么，与人们对教材的定位，即教材是什么有密切的关联。我们可以通过关于教材本质的探讨，窥见人们对于教材价值的基本认识。

一、教材多样价值探讨

客观地说，教材是社会存在物，具体而言，是教育领域的一个重要产物。然而对于教材的研究，却不仅仅局限于教育领域。知识社会学重视知识在社会发展、变迁中的地位和作用，在赫伯特·斯宾塞提出的著名的教育问题"什么知识最有价值"之后，人们发现了另一个有争议的问题"谁的知识最有价值"。教材作为知识传承的代表物，其承载了哪些知识、如何传递这些知识，引起了知识社会学中很多研究者的关注。这些学者对于教材特别关注，采取了批判性的研究立场，努力揭示教材作为社会产物或者社会文化产物的"本质"。知识社会学对于教材研究的主要观点成果丰富、意涵深刻，足以引起教育领域教材研究者的重视。

对于社会因素如何影响课程知识，在知识社会学中也存在不同的解释。

以迪尔凯姆、巴恩斯等人为代表的"整体功能论"者认为，课程及其知识内容本质上都是（整体）社会建构的"集体表征"，社会借助课程知识的传授以促进社会成员的社会化，实现社会团结和延续。由此，可以认为，他们眼中课程的知识相对是"中立"的，帮助每个社会成员发展和适应社会，也维持社会整合，消解社会离心力。① 但另一些学者并不持这样乐观的态度。曼海姆吸取了马克思和舍勒思想中的精华，重新解释了知识和社会的关系。马克思追溯意识形态与社会的关系，指出意识形态是对现实关系的掩蔽和扭曲，将意识形态作为阶级斗争论战的武器。而曼海姆试图将知识社会学作为一种科学的中性的分析工具，他主张"所有观念都与观念据以产生的社会历史条件相联系，因而也受到这些条件的影响"②。他揭示了意识形态的政治化过程，希望知识社会学系统地揭露意识形态与社会规定的优越地位及团体利益之间的关系。与整体功能论者不同，这类学者认为决定知识的本质和特征的是某种特定的社会阶层，而非社会整体。各个阶层在对知识的决定作用上发挥的力量大有不同。某些阶层，尤其是统治集团，将某些反映特定利益的知识有效保留，而去除了某些关照弱势群体的知识和见解。由此，我们看到了布迪厄和帕塞隆在20世纪60至70年代撰写的《继承人：学校与文化》《再生产——一种教育系统理论的要点》和《教育、社会和文化中的再生产》中，深度探讨了学校课程的意识形态塑造功能，认为教材作为"霸权课程"的重要载体，承担了向学生展示统治阶级合法的"文化资本"的重任。1979年，安扬在《哈佛教育评论》上发表了《意识形态与美国历史教材》，指出教材是一种社会产品，社会优势集团的观点会在教材中得到体现，而弱势群体的观点则被歪曲、省略，或是刻板化。③ 近期关于教材的批判性研究最著名的当属美国的迈克尔·阿普尔（Michael W. Apple）。阿普尔一直致力于以偏向政治学的眼光来审视教育，在他的《意识形态与课程》《官方知识》《教材政治学》

---

① 葛春，夏正宝. 课程知识社会学分析范式书评［J］. 全球教育展望，2007（4）：36-38.
② 弗·兹纳涅茨基. 知识人的社会角色. 郏斌祥，译. 南京：译林出版社，2000.
③ 吴小鸥. 教科书，本质特性何在？——基于中国百年教科书的几点思考［J］. 课程·教材·教法，2012（2）：62-68.

《国家与知识政治》《文化政治与教育》等著作中,将教育放到了整个社会系统的运作中,考察经济、政治、文化等对教育的影响,讨论知识与权力的关系,尤其关注课程中的意识形态问题,批判课程中潜在的阶级、种族和性别问题。他独特的视角挖掘了教育领域的人通常容易忽略的,但却非常重要的因素,这也使他对于教育、课程和教材的论述深刻且发人深省。对于教材这个课程领域最重要的有形物,他明确提出了它的文化、商品和政治属性。他认为,"教材不仅仅是'事实'的'传输系统',它还是政治、经济、文化活动斗争及相互妥协等共同作用的结果。教材(不)① 是真正由人们根据自己的真实兴趣构思、设计和创作出来的。它的出版发行受到政治和经济领域中市场、资源、权力等因素的制约。"② 教材文本中投射出的种族偏见、性别不平等是教材政治学经常讨论的话题。将教材作为商品讨论其出版和流通环节中所受的种种利益竞争和制约,也凸显了经济对于教材的影响。从知识社会学的研究成果来看,从本质上说,教材是一种意识形态的抉择,是社会控制的一种形式,教材代表统治阶级的利益,是社会控制的中介。

国内学者也有类似的阐释。傅建明通过对我国小学语文教材的研究,认为从表面上看教材是知识的载体,是方便教师与学生教与学的一种工具……如果从深层次分析,教材是根据一定的价值标准进行精心选择的,它是体现统治阶层意志和利益的一种文本表达,所选择的文本都具有特定的意义和价值。国家或社会的主流价值观就是通过教材加以具体化的,并通过对教材中价值取向的控制来达到社会控制的目的。③ 吴小鸥基于教材在我国百余年的发展历史,纠正了知识社会学对于教材本质的偏执看法。"教材并非社会控制的中介,在一定的意义上,它也是社会反控制的中介。"她对于教材的本质给出了一个温和的答案——教材的本质特性是文化标准的确立。④

从知识社会学对于教材的分析中,我们看到了教材的政治价值——统治

---

① 怀疑译文有误,"不"为笔者所加,从前后文看,否定才是本意。
② M. 阿普尔,L. 克丽斯蒂安-史密斯. 教科书政治学 [C]. 侯定凯,译. 上海:华东师范大学出版社,2005:2.
③ 傅建明. 我国小学语文教科书价值取向研究 [D]. 上海:华东师范大学,2002:7.
④ 吴小鸥. 教科书,本质特性何在?——基于中国百年教科书的几点思考 [J]. 课程·教材·教法,2012(2):62-68.

阶级的社会控制。知识社会学确实透过教材文本的一些表象，挖出了教材中隐藏的"动机"，其洞察力非同寻常，论述也深刻有加，但是他们对于教材的研究缺乏整体性。对于语文或者历史等意识形态浓重一些的学科来说，找到教材作为控制工具的些许证据并不困难。但这些证据能否支撑我们对于教材这个事物的整体判断呢？数学、物理、化学这些学科中，是否也隐藏着大量的意识形态"预设"？以偏概全是知识社会学对于教材本质判断的一个突出弱点。事物都有多面性，不能由于发现了某些"隐蔽"的事实，就将其扩大为整个事物的面貌，并以此界定事物的本质特征。如果按照知识社会学的分析逻辑，在现实事物中，承载了意识形态控制工具功能的事物不止是教材，或者说比它带有更浓重的意识形态控制色彩的事物还有很多，比如媒体。那么这样的价值论说就不足以将教材区别于其他的事物，这并不是教材不可取代的存在价值。吴小鸥的研究也用历史事实证明了，关于教材作为意识形态控制物的判断有时只是学者们的主观臆断，她努力纠正这种错误，不过她将教材作为文化标准的确立，却无意中扩大了教材在文化领域的影响力，强调了教材的文化价值，而忽略了教材作为教育存在物的基本价值。

  教材是一个复杂体，形态简单的纸本教材，看起来比很多图书都要朴素，但是它的研究、编写和出版自成一体，具有独特性，而它的复杂性则在于它融合了多种属性，引得不同的学者从不同的角度对它进行解读，使得它的本来面貌变得扑朔迷离，有时竟远离了它存在的场域和存在的目的。比如，它反映了国家意志，在有些政治学家那里就被放大成为统治阶级控制社会的工具，强调它的政治价值。比如，它反映了社会生活，在有些社会学家那里被放大为不平等的社会关系的集合或者女权主义者抨击的对象，强调它的性别教育价值。比如，它反映了特定的教学过程，在有些教育家那里又被放大为机械灌输知识的工具，窄化了它的教学价值。必须承认，对于教材的多视角研究都是必要的，诸多批判都是有益的。然而，这些研究视角如教材的镜中之像，反映了教材的某些方面，但并不是教材发展变化的本源。在众多的诠释中，有些深入探究了事物较为边缘化的问题，并没有抓住事物的主要矛盾，也就是没有抓住决定该事物生存与发展的根本问题。这些阐释就只能作为全面看待事物的参考。而对于事物根本价值的探讨，一定要抓住它生存发展的主要矛盾。哪个领域才是数字教材存在的重要场域？客观地说是教育领域。讨论教材的价值问题，一定不能离开教材所生存、发展、变化的真实场域，即现实中正式的课堂教学情境，也一定不能离开使用教材的主体——教师和学生，更不能离开教材存在的根本目的——实现育人的根本目标。这些是教材价值研究的基本出发点，限制了教材的概念范畴，也规定着教材的本质和独特价值。

二、教育领域关于教材价值的讨论

教材在教育领域中，有两个分支学科对它讨论得较为充分：一是课程论，二是教学论。在教材编制阶段，教材集中体现了课程论的研究成果，在教材的实践阶段，又集中体现了教学论的研究成果。这两个领域如何看待教材的价值？对教材价值是否可以有较为一致的认识？王策三先生在《教学论稿》中说，教材是课程的具体结构形式……是教师和学生学习学科知识的主要材料。[①] 虽然没有更为详尽的论述，不过也基本划定了教材最初归属的领地——课程领域，也明确了其与教学的不解之缘。教材是课程的具体实现，是教学活动开展凭借的资源，是桥接课程和教学的重要实体表现。因而从根本上说，不应割裂地看待教材，教材的编制是创造教材价值的工作，教材的使用是教材价值实现的过程，二者具有内部统一性，但是从不同领域透视，可以更立体地呈现教材的价值。因而以下行文仍从课程论和教学论的角度分别论述。

（一）课程论视域下的教材价值

课程论关于教材价值的讨论，关注了教材"原始"的状态，从起点去理解教材。课程领域是教材的诞生地，在课程领域，人们对于教材的认识存在一定程度的分歧。我国的课程体系，基本延续了苏联的风格。苏联学者认为，教材是教育内容的固化形式，而社会经验是教育内容的来源。[②] 这是社会经验

[①] 王策三. 教学论稿 [M]. 北京：人民教育出版社，2005：208-209.
[②] 克拉耶夫斯基. 普通中等教育内容的理论基础 [M]. 金世柏，等，译. 北京：人民教育出版社，1989：134，299.

说。还有活动本质观，这种观点认为，"教材所反映的不仅是作为学习客体的文化，而且更重要的是反映作为主体的学习者认识客体的活动及其进程"[①]。这一观点指出了教材的多重属性，它既要兼顾知识内容，又要兼顾学生思维和身体的活动。只是如果将教材的本质归结为活动，仅从字面上就易使人忽略对于教材内容的关注。如果教材的本质是活动，那么什么东西的本质不是活动呢？一切事物都可以和活动挂起钩来，难道一切事物的本质都可以概括为活动？所以这种观点的导向虽然不错，但是其表述并不理想，泛化了对于教材的价值理解，不利于准确理解教材的实质，对于教材的构建也无益处。

在教材的编制、设计时期，其与课程领域更加贴近。众所周知，教材的编制要依据课程标准，而在课程标准制定之前，要有明确的整体课程规划。如果说教材是课程的物化形态，是课程理念和标准的具体表现，基本可以得到认同。教材是一类既遵从课程基本规定性又具备特殊"气质"的课程实体。拉尔夫·泰勒在经典著作《课程与教学的基本原理》中提出，要从事课程编制活动就必须回答四个问题："应该达到哪些教育目标？提供哪些教育经验才能实现这些目标？怎样才能有效组织这些教育经验？怎样才能确定这些目标正在得到实现？"[②] 可以说，教材对于上述四个问题的回答是明确而有效的。每个学科的教材都有明确的编制目标，围绕相应的目标选择恰当的内容，对于教材结构的搭建更是十分讲究，并且配有一定的检测系统对学习效果进行检验。概括地看，在教材编制时，必须解决两个重要的问题，一是选择什么内容，二是如何编排。

首先，它是一类有形的资源，内容有边界。在纸本教材时代，它的实体形态就是一本本书，人们形象地称之为"课本"。到了数字化出版时代，虽然它的承载体发生了变化，不止是书，还可能是光盘，或者网络出版物，不一定摸得着，但必须看得见，我们仍可以把一个确切的事物称之为教材。教材的确定性不仅表现在它的物质形态，更重要的是它的内容边界。众所周知，教材编写的依据是课程标准。课程标准规定了教材编写的目的和内容要素，

[①] 苏鸿. 论中小学教材结构的建构 [J]. 课程·教材·教法，2003（2）：9-13.

[②] 拉尔夫·泰勒. 课程与教学的基本原理 [M]. 施良方，译. 北京：人民教育出版社，1994：17.

虽然教材编写者在落实课程标准的时候，也会有些许出入，但是课程标准中规定的内容一定会在教材中有所体现，只是深浅不同。总体来说，教材的内容要比课程标准丰满得多。从目标的维度看，教材的自主性体现得并不明显，或者说教材很难自主确定目标。教材的编制目标由课程标准决定，课程标准研制的主体并不是教材的编制者。但是教材的编制者对于教材内容的选取具有充分的自主性。如何围绕既定目标，选取贴近学生生活经验、适合学生心智发展的内容，是教材编制者首先要考虑的问题。

教材编制要解决的第二个问题是如何编排。教材具有近乎苛刻的系统性。系统性是个内涵丰富的概念，通俗一点理解，是将选定的材料按照一定的结构和呈现方式组织起来，帮助学生构建好理解不同难易程度的知识的阶梯，搭建知识之间的关联网络，以此使学生获得更好的学习效果。教材结构搭建的难度不亚于内容选择。学科教材一直要努力协调学科的逻辑要求和学生的学习心理状况，把抽象的内容变成学生的最近发展区。教材的结构因学科特色的不同也有多种形式。在信息技术普及的今天，有很多人愿意将纸质教材的结构臆断为线性结构，也即教材的结构是直线上升的，不可逆转的，没有机动性和灵活性。其实整体地看待教材，它呈现的是树状结构[①]：根系代表教材赖以生存的基础，包括人类所有的知识和文化积淀；树干是作为基础的几个学科，比如语文、数学等；大树枝是其他重要的学科课程；细小的树枝将大树枝交叉连接起来，那是一些跨学科的综合课程。每个学科基础教育阶段的教材，都可以用螺旋上升的结构来表述。有些知识，小学要讲，初中要讲，到了高中还要讲。只是知识的深度和学习的角度会根据学生的接受能力有所不同。比如数学学科，在小学阶段讲图形的面积，用 100 个 1 平方厘米的小方块拼成一个大的正方形，其中就蕴含了微积分的思想。生物学科关于细胞、基因等的相关知识，物理学科力、热、光、电的内容，初中也要学，高中也要学，但是深度不一样。历史、地理等学科，也都是螺旋上升的教材结构。对于单册的教材来说，内部结构更加多样。语文、外语学科，多采用主题单元的形式，其教材结构像拼盘。小学数学教材的结构像链条，一环套一环。此外，结构还可以用来指代教材的格式体例，表明教材包括哪些板块，这些

---

① 曾天山. 教材论 [M]. 南昌：江西教育出版社，1997：16-17.

板块如何安排，各自对教材内容的呈现、复现发挥什么作用。上述对于教材结构的描述至少可以说明，教材内容的安排，不是散漫的、漫无目的的组合，而势必是有一定规则、原理支撑的。如果不深入具体的学科教材研究，我们不必去纠结各科教材的结构到底如何，只需明白教材的结构是多样的、有规律的。概括地描述教材的结构特征，系统化可以作为一个核心关键词，既可以表征某一特定的教材的结构特征，也适用于整体描述教材的结构特征。

系统性的教材结构，不仅受制于教材内容，同时对于内容的选择有修正、调整的作用。一旦结构确定，那么内容有时要迁就结构，按照一定的标准修改。比如语文学科课文篇幅长短，单元教学内容的容量，要根据基本的结构框架调整。一个知识点放在正文里表述和放在拓展资源中表述是不一样的。量体裁衣，体就是教材的结构，当它确定之后，内容要按照结构进行修改、补充或删减。

精选教材内容，做精心的安排，其目的都是为了服务于师生课堂教学。教材的容量要与教学课时安排匹配，逻辑顺序要符合学习的基本规律。在教材的编制阶段就必须考虑到教学的使用情况，因为能够在课堂教学中发挥资源支持作用，是教材编制的根本目的，而教学的过程就是教材价值实现的过程。教材的教学指向性非常明确。教材不是一般的学习读物，而是指向课堂教学实践，虽然对于其他学习形式也有所涉及，但主要服务于课堂教学活动。教材的教学性也要求教材既要适合教，也要适合学生学。教材为教学提供资源性的支持，为教师课堂教学内容提供可靠的参考。作为课堂教学的核心资源服务于课堂教学活动，是教材编制的目的。教材编制是教材价值实现的基础工作，教材的价值实现在于它的使用阶段——教学活动。

（二）教学论视域下的教材价值

曾天山从教学论的视角出发，论证了教学性是教材的本质特征和第一要素。他认为若将教材的本质特性定位于教育性，就偏离了教学性的本质，将降低教材应有功能的发挥。当然教学性与教育性是不冲突的。教学性中有教育性的意味，教学是学校教育实施的主要路径。教材、教师和学生是教学的基本要素，教材既是学习对象，又是学习活动的手段，其性质具有二重性。

将教材置于教学系统中，还必须处理好教材与教学目标、教学模式、教学环境和教学评价之间的关系。另外，他还提及，必须按教学论观点建构以教材为主体的有弹性且成系统配套的多媒体多功能教材体系。这种看法在学界具有广泛的共识。不能设想教材能完全取代教师在教学中的作用，或者代替学生的学习。[①] 孙智昌对教材教学性的本质进行了进一步的深入挖掘。他认为教材的本质是教学活动文本，并包含三层逻辑递进的含义：教材的本质是教学性—教学活动体系—教学活动文本，强调教材的根本含义在于为促进学生主动性、自主性、创造性和社会性等主体性特质发展而服务的工具。[②] 将教材看成是教学活动体系具有一定的合理性，因为教材是知识经验的载体，是教学活动的媒介和工具，以促进人的发展为目的，而知识的社会实践活动与人的发展途径是根本统一的。不过，最终将教材的本质归结为活动文本，实在是有些草率。就目前教材的存在形态来看，教材也绝不仅仅是"文本"。当然孙智昌是希望借助"文本"这个特殊含义的词汇，表达教材需要达到"视界融合"，即文本的本意和使用者的偏见要相互融合，学生阅读教材的过程就是视界融合的过程。持教学性本质论的学者们无疑抓住了教材的一个重要属性——教学性，也因此将教材的教学价值明确勾勒出来。

其他关于教材本质和价值的论述还有以下一些。谢小芸认为教材今后的发展方向是"学材"。[③] 沈晓敏借鉴日本机构的研究成果，指出在新媒体时代，教材的性质和功能会发生一定变化。[④] 教材将从作为教学用的主要教材，到作为学习用的主要学材。其实，学习的范畴远远大于教学的范畴。教材能够帮助学生学习这一基本价值判断并没有错，但如果将教材的核心价值扩展至人的学习范畴，就泯灭了教材价值的独特性。有的教材同样带有让学生自主学习的属性，但是这种学习不能完全脱离教师的教。教与学兼顾是教材独具的

[①] 曾天山. 论教材的教学论基础 [J]. 西北师大学报（社会科学版），1996（3）：63-68.

[②] 孙智昌. 教科书的本质：教学活动文本 [J]. 课程·教材·教法，2013（10）：16-21，28.

[③] 谢小芸. 教科书"学材化"研究 [D]. 金华：浙江师范大学，2006.

[④] 沈晓敏. 关于新媒体时代教科书的性质与功能之研究 [J]. 全球教育展望，2001（3）：23-27.

特色，不可分割。

通过对于教材价值讨论的辨析，笔者认为教学性是教材的核心属性，教学价值是教材的核心价值，这一认识可以在教育领域中关于教材的论述中找到相当多的支持。必须指出的是，在教材的教学性中还隐含着一些细节元素，包括：教学性是以教育性为前提的；教学性是教与学的统一，不存在无教的学或者无学的教；教学性体现了一种动态的关系，即师生与教材之间的互动关系。教材的教学价值中也蕴含了这样的内涵：教材的教学价值与整体育人价值是根本一致的；教材的教学价值中，教的价值和学的价值是矛盾统一体；教学价值的实现有赖于师生与教材之间的互动。

三、数字教材的教学价值及其独特性

前文系统讨论了教材的核心价值问题。数字教材是教材家族的一员，虽然它与纸质教材有诸多不同，但它的核心价值也仍然是教学价值。首先，数字教材生存和发展的基本领域仍是以课堂教学领域为主。虽然数字教材对于学生的课外学习会有不同程度的资源支持，但课外学习只是课内教学的延伸。其次，数字教材仍然要专注于解决教材编制和使用时面临的基本问题：选择哪些内容，如何组织这些内容，可能还包括如何评价这些内容的教学效果。再次，数字教材在教学使用过程中，并没有改变教师、教材、学生这三个基本要素，不过它使三者的互动形式有了更多的可能性。

数字教材的教学价值是它的核心价值，其内涵在于数字教材要为数字信息技术环境中的现代教学提供哪些更适合的内容，能够为在数字信息技术环境中开展课堂教学的师生提供哪些更适合的主体活动支持。这个内涵中有一个潜在的参照物——纸质教材。我们要回答的问题是，数字教材的教学价值与纸质教材的教学价值有什么不同。也就是说，数字信息技术融入教材体系，要实现怎样的教学价值，而这样的教学价值与纸质教材的教学价值相比应有其独特的意义或者优越性。

与纸质教材相比有其独特性或者优越性是数字教材独特的价值所在。要描述这种独特的价值，可以将数字教材的教学价值细分为客体教学价值和主体教学价值。数字教材的客体教学价值即如何借助数字信息技术让教材的内容选择和编排最大化地实现它的育人价值，主体教学价值即数字教材如何为教学过程提供更好的支持，以使师生的教学活动更合理、更有效。教师、教材、学生这三要素，构成了非常特殊的教学关系。教材的教学价值的实现就发生在教材与教师，教材与学生，以及以教材为中介的教师和学生的关系中。数字教材主体教学价值的考量在于是否能够实现让教师提升教学能力，更好地教，让学生提升学习能力，更好地学，让教学活动实现好教易学。

数字教材的构建应以提升教材的教学价值为导向，要以提升教材的客体教学价值和师生的主体教学价值为旨归。提升数字教材的客体教学价值，意味着数字教材应该能够解决教材建构中已经存在的但是纸质教材不能很好解决的矛盾。而提升数字教材的主体教学价值，意味着要为学生主体的学习活动提供更有效的支持，为教师更便捷高效的教学工作提供帮助。

数字教材的核心价值仍是教学价值，提升数字教材的教学价值是数字教材建构的目的指向。为了更深入地探讨数字教材应该如何建构的问题，还有必要进一步梳理数字教材的价值构成要素及要素之间的关系，建立数字教材价值体系的分析框架。

第二节　数字教材教学价值分析框架

人是在与外部世界的相互作用中建构着为我关系，即如马克思所说："凡是某种关系存在的地方，这种关系都是为我而存在的。"[①] 为我关系也就是价值关系。数字教材的教学价值如何来描述，又对数字教材的建构有哪些帮助？笔者尝试着勾勒出数字教材的价值分析框架，借以更完整地表述数字教材教学价值的深层含义，并作为数字教材建构的理论指导。

---

① 中共中央马克思恩格斯列宁斯大林著作编译局. 马克思恩格斯选集·第 1 卷[M]. 北京：人民出版社，1972：35.

一、关系价值论基础

描述数字教材的价值体系，参照哲学关于事物价值关系的研究，至少可以有三种思路：一是客体价值论，二是主体价值论，三是关系价值论。① 所谓客体价值论，强调物体价值的客观性。"实体说"和"属性说"是代表性的观点。作为教材，就是强调教材作为实体自身的价值，尊重教材自身的发展规律。然而，有时会忽略价值的主观方面，无法突破原有的框架。对于数字教材如果借用教材价值讨论的框架，也难以实现新的教材价值。主体价值论特别强调物中人的主体价值，深度挖掘事物价值中人的决定性，有意无意地忽略了客体价值。关系价值论是目前价值哲学领域得到广泛认可的价值讨论框架。在关系价值论的主导思想下，有"满足说""意义说""效应说"三类典型的学说。满足说意即要衡量价值客体是否能够满足主体的需要，以客体满足主体需要的程度来界定客体的价值。意义说的着眼点在客体对主体的意义，用意义大小衡量价值大小。还有效应说，注重主客体之间对象性的复杂关系，看到主客体之间的相互影响。价值是主体与客体相互作用的产物。主客体相互作用，是价值产生的基础。"在主客体相互作用中，主体作用于客体，使主体本质力量对象化或主体客体化，生成新的价值客体，这是价值创造的过程；在主体作用于客体的同时，客体也反作用于主体，使客体主体化，即客体对主体产生一定的作用和影响，对主体产生一定的效应使客体为主体服务，这是价值实现的过程。"②主体作用于客体，让客体发生改变，是主体的客体化过程。而主体活动通过与客体发生关系，客体使得主体发生了改变，这是客体的主体化过程。主客体之间的相互作用，是由主体发起的，归根结底是主体的活动。主体活动的目的在于主体的改造，因而客体主体化，就形成价值，由此看到价值实现的本质就在于客体主体化。主体活动，是价值实现的基础，客体对主体产生的积极影响是客体主体化的集中体现。将哲学思想运用到具体的数字教材编制过程，我们可以明确这样几点。

---

① 颜士刚. 教育技术哲学 [M]. 北京：中国社会科学出版社，2015：110.
② 王玉樑. 论价值本质与价值标准 [J]. 学术研究，2002（10）：18-24.

其一，数字教材的价值实现，包括两个阶段。一是主体将主体意识作用于数字教材，编制成为数字教材，这是主体客体化的阶段。它主要通过数字教材的客体教学价值体系实现，是创造价值的过程。二是数字教材在教学中使用，对学生的发展产生影响，这是客体主体化的阶段，也就是实现了数字教材的教学价值。它主要通过数字教材的主体教学价值系统实现，是价值实现的过程。

其二，数字教材价值实现中涉及多个主体。数字教材价值实现的最终主体是学生，数字教材的价值表现是学生的发展。然而，在数字教材价值实现过程中，还有两个重要的"主体"。一是数字教材研发人员，他们并不是客体主体化阶段的主体，而是主体客体化的主体。二是教师，教师在数字教材客体主体化阶段，是不可缺少的另一个主体。教材编制人员和教师都是为学生这一学习主体能够利用数字教材实现客体主体化的协助者。这两个主体对于学生学习活动的理解程度，将影响数字教材价值的大小。

其三，数字教材在客体主体化阶段与其他的社会实践活动相比具有特殊性。一般的社会实践活动，由主体操作客体就可以完成客体的主体化过程。但在教学活动中，虽然数字教材比纸质教材有了与学习主体更多的互动机会，然而面对大班额的集体学习，数字教材和学生之间的互动还应在有组织的情况下开展，这个组织者就是教师。教师是帮助学习主体完成客体主体化过程不可缺少的主体。客体主体化过程是不是能实现数字教材的价值，很大程度上取决于教师这一主体的行为。

其四，数字教材的价值实现除了要考虑主体对客体的影响，客体与主体的互动之外，还需要考虑客体对客体的影响，以及主体对主体的影响。数字教材并非凭空建造的，尤其在现阶段，纸质教材是它的母体，而它的构建也务必还要遵循教材发展的基本规律，教材建设的基本原则。同时，务必要考虑在数字教材价值实现中，多主体之间的相互影响：教材编制者对于教师和学生这两个教材使用者的理解程度有多少，是不是有什么途径可以帮助他们实现主体间的关联和沟通；教师和学生这两个教材使用过程中的主体，他们的直接互动对于数字教材的使用有什么影响。

二、两种教学价值的构成要素及关系

综上所述，借助哲学价值分析的框架，笔者试图勾勒出数字教材独特的价值要素关系。如图 4-1 所示。

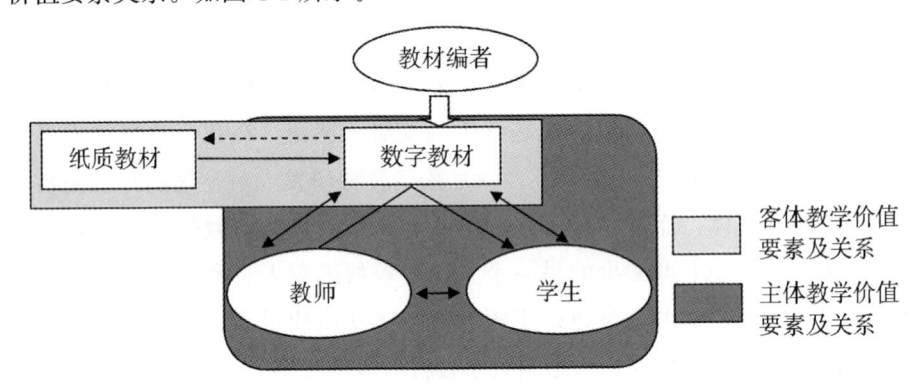

图 4-1　数字教材价值体系示意图

（一）客体教学价值要素及关系

在这个价值体系中，纸质教材和数字教材的相互影响，构成了数字教材的客体教学价值关系。纸质教材对数字教材的影响显而易见，而数字教材的研发也在触动纸媒教材的编制，只是还没有充分显露。所谓的客体教学价值关系是为了同后面的数字教材与教学主体构成的主体教学价值关系相区别，纸质教材与数字教材的互动关联，主要表现为教材基本规律和特征的传承，这与后面教师和学生明确的主体存在有所不同，借用纸质教材和数字教材都是客体存在形式，因而称之为客体教学价值关系。关于数字教材的客体教学价值关系需要强调几点。第一，数字教材的客体教学价值创造的根本目的仍是主体教学价值的实现。数字教材的客体教学价值关系是数字教材建构的重要参考系。它是数字教材教学价值实现的铺垫，最终的价值实现仍是为了学生的发展。第二，客体教学价值关系中既包括教材研发主体的价值倾向，也包括教材发展的客观规律。二者构成了以往人们对于以教材为媒介开展教学活动的价值的整体认识成果。如果脱离了人的主观干预，纸质教材自己无法发展，更无法实现纸质教材对数字教材的影响。纸质教材还同时反映了国家和社会对于人才培养的总体设计。而数字教材的发展规律，更有待于数字教材研发主体去摸索和把握。第三，明晰数字教材的客体价值，明确要继承纸质教材哪些有利因素，发展哪些纸质教材所不能及的功能，以确立数字教材价值的独特性。第四，数字教材的客体教学价值关系和主体教学价值关系之间有密切的关联。教材应该在教师与教材和学生与教材之间发挥更积极的作用。教材不只是"材料"，也是"对话者"。教材也可以作为一个"主体"参与到教学对话中。[1] 更加积极地看待数字教材，才能展现数字教材拓展和可持续发展的价值。

（二）主体教学价值要素及关系

数字教材、教师和学生构成了数字教材的主体教学价值关系。这个体系凸显了数字教材教学价值的独特性。独特性的内涵包括以下几点。第一，主体教学价值关系主要发生在课堂教学的场域，借助信息技术也适当延伸至课堂外的时空。第二，主体教学价值关系是靠数字教材与教师、学生之间复杂的互动实现的。数字教材、教师和学生是主体教学价值关系三要素。数字教材既可以和学生发生直接互动，也可以和教师发生直接互动，而师生看似与数字教材没有直接联系的活动也会间接影响到对数字教材的使用。第三，在这个主体教学价值关系中，数字教材是教师和学生开展活动的对象，教师和学生都是主体。教师是数字教材的使用主体之一，他们对于教材的研究往往比学生更加深刻，教师使用和开发数字教材的目的在于促进学生发展。因而教师既是数字教材的使用者，负责对数字教材进行内容的改造，又是促进学生发展的"中介"。第四，学生是数字教材价值体系的最终主体。无论是客体教学价值关系还是主体教学价值关系，都指向学生的发展。借助数字技术，数字教材能够实现与学生的直接"对话"。而基于学生个体的独特性，数字教材需要借助教师或学生自己的力量，给学生提供最好的学习资源。

---

[1] 周建平. 生态式教育视野中的教材观 [J]. 当代教育科学，2004（9）：19-21.

(三)主客教学价值关系的关联

数字教材价值体系，可以看作由客体教学价值关系和主体教学价值关系构成的，这两者之间并不是割裂的，而是有机地相互关联的。关联性体现在以下方面。第一，虽然客体教学价值体系主要是数字教材的价值创造阶段，集中于教材编制的时空中，但教材的使用主体一直是潜在的目标，教材使用主体的需求一直受到教材编写主体的关注。第二，数字教材主体教学价值关系是数字教材价值的实现阶段，是否实现了数字教材应有的价值，在实现过程中有哪些经验和教训，将由教材编写主体系统收集，并运用到下一次的修订和创新过程中。第三，数字教材价值体系中主体的联结。教材编写主体要充分了解教师和学生与数字教材之间的关系，使数字教材能够更好地发挥促进主体生长的作用，包括：让教师通过数字教材的使用，提升其执教能力；让学生通过数字教材的使用，提升学习能力。反过来，教师和学生也要在一定程度上理解教材编写主体的"用意"。对于数字教材实体表现之后隐藏的编者意图要有准确的把握，借此才能更好地继承教材所表达的国家、社会在育人目标上的整体设想，学科课程的目标指向，等等。主体间有效的联结，是数字教材更好建构的必要条件。第四，数字教材价值体系中客体的联结。应该说，在编制阶段的数字教材和教学实践中使用的数字教材并不完全一样。在使用阶段，数字教材会经过教师和学生的改造，改造为适合他们使用的学习资源。如果通过数字化的手段，能够收集这些改造的共性，就可以作为数字教材改进的依据。而且，对数字教材的准确把握，也有助于明确其与纸质教材的不同优势，这对于更大范围的教材建构都有裨益。

第五章　数字教材的客体教学价值及其提升

教材的教学价值是其核心价值。当我们把数字教材作为一类新型教材来讨论的时候,一是承认它延续了教材的某些稳固不变的东西,继承了教材的基本价值功用,二是把数字教材作为一种特殊的教材来看待,也即承认它对于已有教材样态的某些价值功用有所发扬或者改变,这些独特的教学价值是它存在的根基。数字信息技术与教材的融合,应进一步明确有哪些方面是纸质教材体系存在的固有的、却受制于纸质教材样态本身无法很好解决的矛盾,数字教材借助数字信息技术的优势可以进一步优化,体现其独特优势的方面,笔者称之为客体教学价值。本章将探讨应如何解决这些矛盾,以提升数字教材的客体教学价值。

第一节 协调整体育人与分科编制的矛盾

一、整体育人与分科编制的矛盾

实现育人目标是教材作为出版物的一大特殊性。没有任何一类出版物像它一样饱含浓浓的、明确的育人目标。对于教材而言,每个通过它来学习的学习者,都要获得相应标准之上的知识、能力和情感价值观。教材是课程标准的忠实执行者,课程标准系统反映了全面育人的整体目标。我国的育人目标从新中国成立之初就确立为全面发展,至今没有动摇。虽然在不同的时期,对于全面发展的解读有所不同。比如从"双基"到"四基",又到"三维目标"和"核心素养"。翻看不同时期的教材,可以看出这些教材充分反映了不同时期的教育目标要求。全面育人的目标是一套完备的课程方案,但是它的实现却不能以全面的完备的方式一次性实现。它必定要选取一定的材料,组成各种学科,并按照一定的时间和空间关系组合形成课程体系。[①] 在教材编制

[①] 廖哲勋. 课程学 [M]. 武汉:华中师范大学出版社,1991:155.

过程中，整体育人目标和分科实现是一对无法避免的矛盾。

纸质教材是分科教材，那么从总体上看，将所有学科的教材统合起来是可以实现整体育人目标的。但是分科教材自身，更多地体现了学科的特色，教材与教材之间基本是割裂的状态。因而，纸质教材在协调整体育人目标与分科实现的矛盾时，运用的是"零存整取"的策略，用部分的累加，达到整体上的育人效果。不能避免的问题就是，分科累加通常只停留在理论层面，无论在教材内容还是编排上，各科教材均各自为政。累加只能依靠师生的"自觉"行为。在教材编制层面，很难跨越各学科内容和逻辑的鸿沟，真正实现关联互动。纸质教材具备了整体育人性和分科差异性的特点，但是无法将二者很好地融合。

二、数字教材建构策略

借助数字技术的优势，数字教材在编制时可以更好地处理整体育人目标与学科差异性的矛盾。首先，基于新的课程标准，关注学生核心素养的培养。2017版的课程标准仍坚持了全面育人的教育理念，这一理念在当今集中体现为学生发展核心素养。各科课程标准朝向学生发展核心素养，并且立足学科特色构建了学科核心素养。学科核心素养是实现学生发展核心素养的通路。课程标准是教材编制的依据，数字教材的编制也要以现行的课程标准为纲。课程标准体现了整体育人目标，这一整体目标也一定会落实到数字教材中。

其次，构建跨学科连接。分科教学是世界上基础教育普遍采取的教学方式。它分类、分级的特性，更有利于学生快速高效学习。在整体育人的目标指导下，多种学科的数字教材都发挥各自的育人作用。但是，分而不统，也确实容易造成学生认知上的断裂。尤其如果缺少专门的统合应用训练，学生头脑中的知识各自僵化，难以形成相互连接的通道，不能融会贯通。纸质教材受制于开本、版面和印张，容量有限，所有的内容记载于纸张之上，因而教材的内容与载体共存。学科教材之间的分割更加明显，比如哪些是数学教材的内容，哪些是物理教材的内容务必分门别类，鲜有交叉。有人曾批评，通过分科课程学习的学生，思维单一，无法处理复杂问题。于是，在高考改革中，出现了综合性的试题,希望可以从考试评价的一端,提升学生综合运用各学科的知识以增强学科间互动连接的复杂思维,但是在教材把控的教学内容上,一直难以突破。如果本学科的内容在现有空间中还稍显局促,如何去照顾跨学科的内容?

而数字教材凭借数字技术的优势,可以部分地实现跨学科内容的连接。比如在物理教材中出现的内容需要超出数学教材进度的数学知识,如何处理?在纸质教材中,只能加入注释,或者与数学教材的编写相互协调。而确实没法调和的,只能放在教学参考书中,让老师通过课堂教学来弥补。数字教材中若遇到这种问题,可以利用内容链接或者微课帮助学生理解相关内容。随着核心素养的颁布,跨学科的能力素养越来越受到重视。在教材建设中,有意识地增强跨学科学习的目的性势在必行。当我们说教师要用教材来教,学生要用教材来学时,已经暗含了教材应该提供给教学主体足够丰富的科学的相关资源。作为教学凭借的教材应该为教学提供跨学科的学习资源。这是落实跨学科学习素养的最直接有效的路径。

当然,构建跨学科的教学资源并不是提供一些链接或者补充几节微课那么简单的事情。数字教材应创设一些跨学科的主题学习情境,并提供配套的学习资源。核心素养的相关研究对于"情境"给予了特别的关注。1997年经济合作与发展组织(OECD)启动"素养的界定与遴选:理论和概念基础"(简称 DeSeCo 计划,Definition and Selection of Competencies: Theoretical and Conceptual Foundations)项目,第一个系统性地完成了学生核心素养体系构建,对后来各个国家的核心素养研究产生了深远影响。该组织将素养界定为:它是在特定情境中(in a particular context),通过运用和调动心理社会资源以满足复杂需要的能力,这种能力在多样化的情境中具有广泛迁移性。[1] 2006 年欧盟批准了《终身学习核心素养:欧洲参考框架》(Key Competences for Lifelong Learning: A European Reference Framework),欧盟给出的素养的界定是:素养是适用于特定情境的知识、技能和态度的综合。情境包括个人情境、社会情境和职业情境。美国"21世纪技能合作组织"研制的"21世纪技能"也具有广泛的国际影响。他们认为21世纪的工作和知识根

---

[1] 戴维·H. 乔纳森. 学习环境的理论基础[M]. 郑太年,等,译. 上海:华东师范大学出版社,2002:55.

植于情境，并非抽象地存在于个体之中，而是分布于社会之中。在我国研制的以学科核心素养养成为宗旨的课程标准中，对于情境也给予了充分的重视。对于测评方面，不同学科均给出了重视情境的要求。如语文课程标准要求"测试题目应以具体的情境为载体，以典型任务为主要内容"。"语文实践活动情境主要以学生个体独自学习、社会生活实践、学科认知活动为主，即个人体验情境、社会生活情境和学科认知情境。"在教学要求中，建议创设综合性的专题和学习情境。① 对全球教育发展具有指导性作用的国际测评项目 PISA 将 DeSeCo 计划对于核心素养的研究作为理论基础，其测试的成功之处，很大程度在于情境化的试题设计。面对情境化的试题，学生要将已有的知识、技能进行整合，运用高层次思维来解决现实感很强的情境任务。以 2012 年一道 PISA 测试数学样题为例："晓珍在 DVD 和计算机游戏出租店工作，在这家店里，一年的会员费为 10 元。会员一片 DVD 租借费用为 2.5 元，非会员一片 DVD 的租借费是 3.5 元。会员至少要租多少 DVD，才能抵消会员的成本？写出你的过程。"这道题目提供了熟悉的生活情境，学生要提出简单的策略，经过计算，并且尝试错误解决办法才能得出正确的答案。

虽然目前的数字教材还没有在创设复杂情境或者构建跨学科学习资源方面有实质性的举动，仍然采取的是以纸质教材为蓝本的保守策略，但是从现有的数字技术来看，已经可以轻而易举地实现这方面的需求。依靠纸本教材来创设情境，无非就是运用文字的描述，依靠学习者的想象来填补文字描述的缺憾。而对于复杂问题的处理，则需要学习者再去寻找很多的资源和工具来完成。对于课堂教学而言，时效性难以保证。数字技术可以采取多媒体方式创设逼真的复杂情境，为学习者提供足够丰富的相关内容资源，配套的工具可以随时让学生使用；还可以为学生提供多种解决问题的路径，让学生能够试错，满足学生发散性思维的多种尝试要求。例如游戏开发的多路径、不确定性，都可以应用到数字教材的设计中。无论是依托原本的学科教材蓝本嵌入某种情境主题学习，还是专门设置跨学科的主体学习资源，抑或根据跨学科课程设置来设计整套数字教材，数字技术都可以借助技术的优势，弥合

---

① 教育部基础教育课程教材专家工作委员会，普通高中课程标准修订组. 普通高中语文课程标准（征求意见稿）[S]. 2016：36.

学科之间因技术限制而存在的鸿沟。

最后，更加凸显学科特色。之所以说数字教材可以融合整体育人性与学科差异性，还意味着数字教材在满足整体育人目标的基础上，能更好地实现不同学科独有的学习价值。通常来说，每门独立的学科具有三个基本要素：一是独特的研究对象；二是独特的理论体系，包括由概念、原理、命题等构成的知识系统；三是方法论，即学科知识的生产方式。基础教育阶段的学科学习是不同学科领域的雏形，不同学科课程之间的分界也在于不同的知识、方法和思维方式。关于知识，数字教材能够提供的知识容量远远大于纸质教材，传递知识信息的方式方法也更加多样。并且例如语文、外语学科所需要的语言素材，数字教材及其配套资源的容量优势和纸质教材不可同日而语。如果需要，还能够以不同的结构体系和方式提供给学习者。而关于学科方法和学科思维的塑造，数字教材可以构建丰富多样的学科学习工具，如语文、外语学科的词典，数学学科的计算器，地理学科的测量工具，生物学科的显微镜，物理和化学学科的模拟实验室，诸如此类，帮助学生运用学科学习工具更好地掌握学科方法，进而塑造其学科思维方式。学科工具、模型和独特的情境设置，将进一步凸显学科的特性，帮助师生挖掘学科独特的育人价值。

第二节 统一性基础上提供个性化资源

一、统一性与个性化的矛盾

中小学教材是依据统一的课程标准编制的，其内容以基础性的学科知识为主。在明确的目标下，教材内容毋庸置疑地要提供满足目标要求的内容。教材审定也会对教材内容的覆盖面严格把关，不容遗漏。从这层意义上说，教材的内容将包括课程标准所要求的内容，保证教材内容的基础性、完备性。

例如,《普通高中地理课程标准(实验)》中给出了地理课程的内容和结构,笔者节选一部分,如图 5-1[①]。地理教材也势必会依据地理课程标准中对于内容和结构的设计编写相应的内容。高中地理必修 1、2、3 册中分别安排了宇宙中的地球、自然环境中的物质运动和能量交换、自然环境对人活动的影响,人口与城市、生产活动与地域联系、人类与地理环境的协调发展,区域地理环境与人类活动、区域可持续发展、地理信息技术的应用等内容。

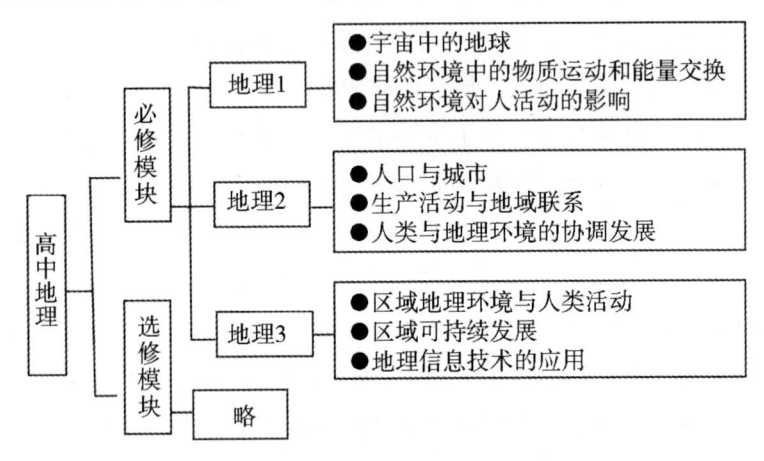

图 5-1 高中地理课程的内容和结构

类似地,历史课程标准中对必修和选修课程的主要内容及知识要点都做了详尽的规定。例如,关于"近代中国的民主革命"要求:了解太平天国运动的主要史实,认识农民起义在民主革命时期的作用与局限性。[②] 于是,我们在教材中看到关于太平天国运动的三块主要内容:①从金田起义建国到定都天京。(太平天国运动的主要史实)②《天朝田亩制度》的颁布。(太平天国的贡献与局限)③天国悲剧。(农民起义的局限)

在教材内容统一的前提下,应该看到使用教材的教师和学生无论是受地域文化的影响、家庭因素的影响还是自身特质的不同,都对教材有不同的需求。

---

① 中华人民共和国教育部. 普通高中地理课程标准(实验)[S]. 北京:人民教育出版社,2003:4.

② 中华人民共和国教育部. 普通高中历史课程标准(实验)[S]. 北京:人民教育出版社,2003:7.

纸质教材一直以来都存在编辑出版统一化和使用个性化的矛盾。在新中国成立后相当长的一段时间内,我国采取的是一纲一本的教材出版格局。很多地方反映,教材无法满足当地的教学需要,不是要求偏高,就是要求偏低,给教师的教学造成很多困惑。20世纪80年代,教育部颁发了《关于颁发高中数学、物理、化学三科两种要求的教学纲要的通知》,指出"学校采用哪种教学纲要,要从实际出发,根据学生基础和学校条件确定"[①]。根据这一通知精神,教材出版机构编写了三科的甲种本、乙种本两套教材,以期适应各地的教学实际。1988年8月国家教委颁发了《九年制义务教育教材编写规划方案》确立了"一纲多本"及"多纲多本"的教材改革方向。"一纲一本"是指依据同一教学大纲编制面向不同水平的经济文化发展地区的多种教材;"多纲多本"是指在上海编制一套面向经济文化比较发达和办学条件较好的地区的义务教育课程方案,浙江编制一套面向农村地区的义务教育课程方案。[②] 这些尝试都是为了解决教材的区域适用性问题。每个地区都希望有适合当地的教材,每所学校都希望有适合学校的教材,而最理想的方式是,每个人都有适合自己的教材。

  差异性教学、个性化教学在这个时代比以往有更加突出的需求。《国家中长期教育改革和发展规划纲要(2010—2020年)》(以下简称《纲要》)对义务教育阶段的发展规划给出了两个关键词:一个是均衡,将实现更高水平的普及教育列入未来10年教育发展的战略目标和战略主题;另一个是质量,《纲要》指出:"把提高质量作为教育改革发展的核心任务。树立科学的质量观,把促进人的全面发展、适应社会需要作为衡量教育质量的根本标准……把教育资源配置和学校工作重点集中到强化教学环节、提高教育质量上来。"均衡和教育质量提升并非是一对矛盾,教育质量均衡并非意味着所有地区的教育质量整齐划一,而是在达到一定标准的基础上,实现各自的特色发展,这也是教育优质均衡的突出表现。均衡和质量可以在更高的层级上达成一致,是以尊重学生个性化发展为前提的高质量均衡。

[①] 课程教材研究所. 20世纪中国中小学课程标准·教学大纲汇编·物理卷[C]. 北京:人民教育出版社,2001:275.

[②] 课程教材研究所. 新中国中小学教材建设史 1949—2000 研究丛书·总论卷[M]. 北京:人民教育出版社,2010:150.

二、数字教材建构策略

数字教材能不能实现"个人定制"以满足师生的个性化需求？数字教材是否可以借助数字技术解决教材统一性与个性化的矛盾？

"个人定制"带有强烈的后现代主义意味，也因为人们对于个人独特价值的重视而备受这一代年轻人的青睐。赵志明在其博士论文《重新定义教科书——数字教科书研究》中，曾概括了后现代教材的文化特征，包括：与开放、转变、创造以及不确定性相联系；主张解构；具有"多元"特质，保留现代教材中的优质因子，创新不合适的因子，在平衡与不平衡之间实现发展的创新；以人为本，凸显人的个性化、自由化。① 事实上，数字技术已经可以使个人定制从遥不可及的理想变为现实。由数字化大师尼葛洛庞帝教授、电子邮件的发明人克兰罗克教授融资千万美金创立的上海爱乐奇网络科技有限公司，致力于为中国儿童量身定制英语数码教材，是多家知名连锁培训机构和全日制学校的少儿英语教材供应商。该公司将英语课程资源，包括语篇、对话、情境、动画人物还有测试都做了标签分类，可以根据学校的需求，迅速生成一套定制教材，经过后期的磨合处理，不断完善教材的校本适用性，已经有部分学校、机构尝试开发定制的校本英语教材。

如果借用数字信息技术将教材所涉及的知识模块化，并进一步分层处理，是可以实现教材的个性化的。只是基础教育教材并不能完全按照个人的意愿来组建，从完全统一化走向完全个性化。

教材的完全封闭固然无法照顾到每个教学个体的需求，但是完全放任自流，每个人都有不同的标准也是不可取的。关于教材内容的选择，较为理想的方式乃是外部规定性和学习主体个性化的融合，而数字教材在协调实现统一性和个性化的矛盾时，需要智慧融合。

迈克尔·W. 阿普尔认为："教育显然具有某种程度上的'相对自主性'。但是我们忽略了一点，那就是教育只能在'国家（经济）和文化形式的复杂

---

① 赵志明. 重新定义教科书 [D]. 长沙：湖南师范大学，2014：73.

的结构关系'中运作以求得自己的生存空间。"① 尤其对于基础教育而言，其外部规定性更明晰，有一定的标准要求来保障学生经过基础教育阶段的学习，可以获得必要的知识、技能和情感价值观。外部规定性首先表现为国家意志。"数字教材不仅是课程知识的主要载体，更是'国家意志的集中体现'。因此数字教材的知识选择必然呈现'国家定义'。"② 国家为教材知识选择制定标准、提供制度保障、提供服务，在信息化发达的今天，能够保障学生避免知识迷失，科学整合碎片化的知识，让知识选择更加高效，同时保障知识的健康安全。"国家定义"知识是数字教材"教材"本质表现的一种必然。③ 但在网络时代，个人定义的知识也很重要。学习者可以参与知识的建构，个人知识才能充分体现以人为本，并且在一定程度上可以避免利益集团知识的片面性。从政治学的视角来分析教材问题，往往容易陷入权力争斗的窠臼，并且将国家和个人对立起来，难免有些偏颇。比如民国时代很多教材，就是编者个人意志决定的，是不是一种个人定义呢？这一视角也为教材的外部规定性提供了一定的论据。国家对于教材内容的知识选择具有决定权不假，但决定权力的运用大有讲究。从教育的视角来看，教材的知识选择，还有很多其他力量参与决定。教材中的知识重视客观性。教材知识的客观性与知识的客观性相通。知识的客观性表现在知识内容是客观的，知识的形式是客观的，知识可以脱离它的发明者和发现者相对独立存在，知识的内容具有确定性。对照来看，教材的知识内容来自人类公共知识领域，是客观的；教材内容要以一定的物质形式呈现，且内容的表述也可以通过文字、图片或者多媒体固化，形式上是客观的；教材一经出版也就脱离了编写者可以独立存在；而基础教育阶段教授的很多知识是确定的间接性知识，是经过实践检验的，具有确定性。教材的知识还是具有公共性和普遍性的知识。"基础教育阶段学校教育的主要职责是为普通人提供最普通的教育。要培养有文化的普通公民，就要选

---

① 迈克尔·W. 阿普尔. 教育与权力 [M]. 曲囡囡，等，译. 上海：华东师范大学出版社，2008.
② 赵志明. 重新定义教科书 [D]. 长沙：湖南师范大学，2014：73.
③ 赵志明. 重新定义教科书 [D]. 长沙：湖南师范大学，2014：74.

择那些最具普遍性的普通知识。"① 那么面对这样的知识并非加入更多的个人选择因素就更好，相反可能会降低教学的效率和学习的效果。

　　纸质教材能够保证内容完备，充分体现了国家意志以及客观知识的权威性，并因受到媒介技术的限制，表现为封闭性的内容完备，虽然在一定程度上也允许个人的独特解读，但更多是隐性的、滞后的，无法直接表现在教材实物上。随着后现代及网络时代对于个人知识的重视，加之数字信息技术的支持，个人参与到数字教材的建构中成为可能。数字教材可以实现内容的统一性与个性化并举，这是数字教材的独特优势。要从统一性为基础的教材到个性化数字教材，大体可分三个步骤：数字教材的发布应该是以统一性为基础的；不同地区可以适度选用类别或难易程度有所区别的"内容模块"；在教师层面可以将个人独特的数字资源上传到数字教材中，也就是将纸质教材时代对于教材的二次解读与数字教材本身融为一体，变成具有个体性质的教材。数字教材突破了内容完全封闭的藩篱，实现了开放，这种开放并非完全没有约束，是在统一规定性之上的个性化。

第三节　丰富内容感知方式

一、知识多样性与感知方式单一的矛盾

　　《教育大辞典》认为教材内容要素包括三个方面：（1）构成知识体系的术语、事实、概念、法则和理论；（2）与技能和能力有关的各种技术、作业方式和步骤；（3）作为世界观基础的态度、观念以及可以激发非认知因素的事实。② 按照心理学上广义的知识概念，知识包括知识、技能和策略，既有陈述

---

① 王永红. 到学校去读书 [M]. 杭州：浙江教育出版社，2012：107.
② 顾明远. 教育大辞典（增订合编本）[M]. 上海：上海教育出版社，1998：695.

性知识又有程序性知识。① 陈述性知识也称"描述性知识"或"事实性知识"，是关于"是什么"的知识，即有关客观世界的事实性信息的知识。程序性知识是关于"怎么做"的知识，也称为"功能性知识"或"实践性知识"。如此看来，术语、事实、概念、法则和理论基本属于陈述性知识的范畴，而各种技术、作业方式和步骤属于程序性知识的范畴。教材的核心内容属于知识无疑，只是受制于纸质教材介质的技术功能限制，这三类知识类型，都只能以静态的文字或图片方式让学生感知。数字信息技术可以帮助数字教材为学生提供更丰富的感知知识的方式。

数字教材并非是一般的数字图书，一般的数字图书仅满足阅读的需求就可以了，但是数字教材需要作为教学活动的材料。除了阅读（阅读的功能纸质教材完全可以满足，甚至效果更好），数字教材应该基于数字信息技术的优势，丰富教材内容的感知方式，让内容的表现方式更多样，以不同的方式和方法，刺激学生的思维活动，构建他们内部的知识形态，让知识不仅是文字和图片等单一的静态表现形式。并且不同学科的教学活动应该基于不同学科的特性，有不同的学习内容表现形式和学习方式。比如古代汉语的学习讲究吟诵，现代汉语的学习讲究朗诵，这两者对学生就有音韵感知的不同要求。但是作为纸质教材，只能将不同的语言风格都呈现为文字。知识的多样性，不同学科教学内容的多样性与纸本教材单一的文本呈现方式是一对矛盾。

二、数字教材构建策略

以数字技术为依托的数字教材应将教材从固化文本转变为具有多种感知方式的可操作学习资源。纸质教材的内容以文字来承载，师生要获取有效的信息、知识，一定要通过对文字的解读来实现。对文字的解读，并非看见即理解，需要复杂的信息加工过程。教师为了让学生能够理解教材中的知识内容，采用多种方法，让思维的过程外化。数字教材所承载的知识和信息具有多层次的意义表达能力。根据资源的技术属性来分，可以分为文本资源、多媒体资源、工具

---

① 皮连生. 学与教的心理学［M］. 上海：华东师范大学出版社，1997：102.

性资源、测评资源等，不仅可以看，还可以听，更重要的是可以用来操作。

文本资源负责向学习者提供学习的文本材料。多媒体资源负责为学习者提供多样化的媒体表现内容。工具性资源负责为学习者提供学习的辅助工具，比如词典、模拟数据模型、模拟实验，帮助学生探究、理解抽象的概念和理论。情境资源负责搭建师生对话、生生交流的数字化情境。测评资源负责检测学习者的学习效果，给出学习建议。多种感知方式，让学习者和知识之间形成了互动的关系，知识不是外在于学习者的客体，经过与主体的互动作用，知识变为了学生的学习体验。

为学生提供知识内容的多种感知方式，更有助于学生建立全面而准确的知识观念。笔者参与了北京市东城区一次数字化生物课的教学展示。该课教学围绕人体的重要器官——心脏展开。在纸质教材中，关于心脏的内部结构，有文字描述并配以图片标注。而数字资源对心脏器官的展示则更为全面。学生可以借助数字信息技术设备，让3D立体形态的心脏360度旋转，从各个侧面了解心脏的样子，而不仅局限于纸质教材所提供的一种角度。关于心脏动脉、静脉、瓣膜等具体部分相对位置的展示，数字资源就更加生动。学生借助数字化的眼镜和操作笔，就能够"进入"心脏，这种仿真技术让学生仿佛是一颗血红细胞，游走于心脏的内部。这完全是一种全新的知识内容体验。课后教师还分别选取不同角度的心脏截图，让学生标注血管、心房、心室的位置等，结果显示学生学习效果非常好。

借助数字信息技术的优势，很多教学内容能够更得体地呈现。体育教材多年以来就是文配图的方式。这门讲究运动技能的学科，与其他思维训练的学科在内容呈现上一直没有根本区别。学生学习以教师课堂示范模仿练习为主。脱离了课堂的情境就难以复现运动的要领。以视频的方式，再配以长短快慢镜头，就能够将体育学科的运动要领完美呈现。这是以往纸质教材所不能比拟的优势。甚至有的内容，教师因为专业水平不够都难以示范到位，而数字教材可以做到准确呈现教学内容。

语言学习特别讲究语言的应用。纸本教材对于语言环境的塑造，只能凭借简单的文字交代；数字教材可以复现诸多语言实际运用的场景，让学生感到仿佛身临其境。某版英语数字教材创设了各种语言运用的场景，学生可以以任何身份参与到对话中。英语数字教材通常灵活配置多种语言任务达成程序，纠正学生的发音，营造对话氛围，让学生角色扮演、配音，等等。语言学习就不再是朗读、背诵等单调的学习活动。数字教材可以提供多种语言运用的体验形式，增加学生学习的参与感，提升学习兴趣和专注度。

在理科学习中，数字教材可增加自主探究的学习体验。某版数学数字教材八年级上册的"镶嵌实验室"（见图5-2），学生通过动手操作，看哪些图形能够覆盖平面，然后通过"解读奥秘"知道多边形符合什么条件就能覆盖平面，最后再将问题提炼出一般化的规律。

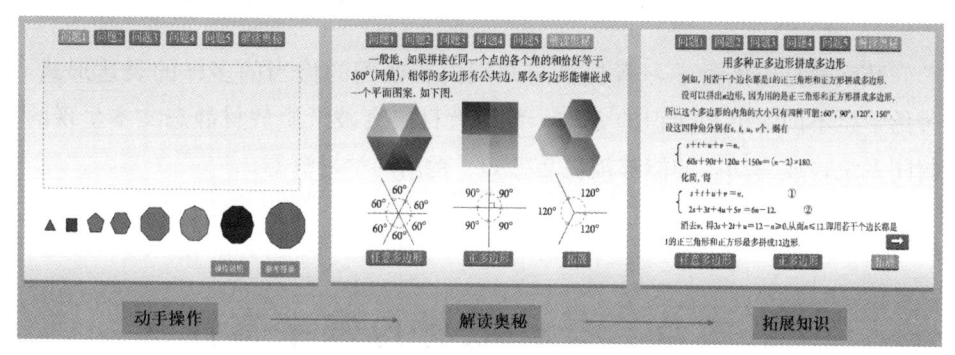

图 5-2　某版数学数字教材"镶嵌实验室"

某版数字教材中，提供了视觉方面的图文、听觉方面的音响或语音和触觉方面的手动操纵等使用方式，以满足学习者综合认知的培养和个性化的需求。如《数学》（八年级上册）共提供了137个"看""听""做"的单一模式或组合模式。其中，在单一模式中，近一半是动画演示；在组合模式中，又选择了场景实录（图5-3）、动画解说（图5-4）、微课讲解（图5-5）、动手操作（图5-6）等方式对不同模式进行组合。

图 5-3　场景实录 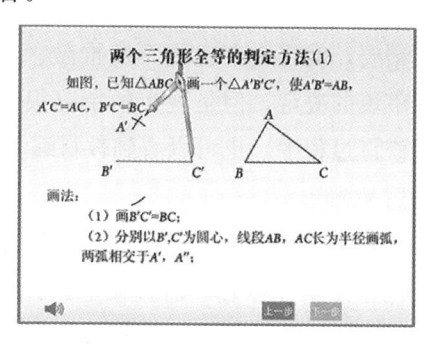　　　　图 5-4　动画解说

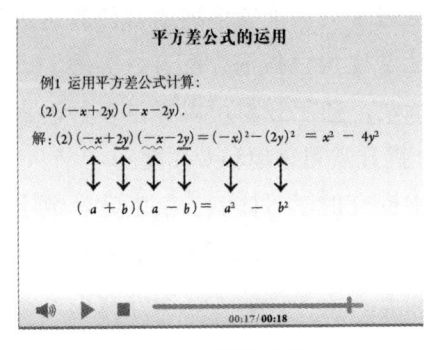

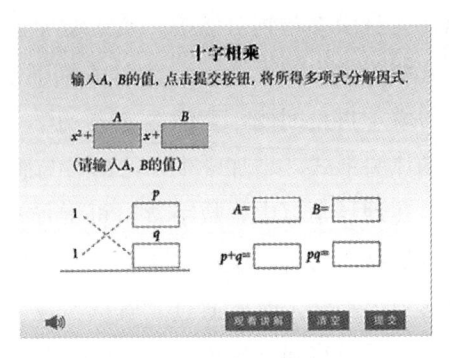

图 5-5　微课讲解　　　　　　　图 5-6　动手操作

数字教材应该为学习者提供与知识内容匹配的恰当的多样的表达形式，带给学生不同的感知知识的方式。数字教材应突破纸质教材静态文本呈现的封闭系统，成为动态的能够被灵活感知、运用的学习资源。

第四节　提升教材内容丰富性

一、教材内容有限性与人类文化丰富性的矛盾

教材的内容是教材的灵魂。教材承担人类文化传承的使命，但是纸质教材受制于国家教材管理关于定价、印张的规定，容量十分有限，不仅内容要选择精要，就连文字也要不断推敲、不断精练。哪些内容能进入教材通常要经过审慎的决定，但是现实的情况很难满足文化传承的需求。从历次教材内容的修订过程中，也可以看到教材编者的矛盾——有的内容被删除后又添加，添加后又删除。

人类文化以多种形式存在，不仅有物质文化，还有很多非物质文化。物质文化存在多种形态，语言文字、实物的、声音的。非物质文化则涉及一些理念、做法。如此看来，在教材中所能呈现的内容就更是少而又少。所有的

知识文化均要转变为文字的形式才能在教材中呈现，仅载体的限制就屏蔽掉了很多文化进入教材的可能。于是，我们的纸质教材在课程标准设计阶段就有意无意地考虑到哪些内容才能够进入教材体系中。人类所创造的文化是多样而丰富的，但是纸质教材的载体特性难以满足，构成了一对难以解决的问题。

二、数字教材建构策略

数字信息技术使数字教材在容量、传输速度等方面比纸质教材有绝对优势。且不说完全以数字形态存在的教材其容量不可估量，就以实物形态存在的数字教材举例，一本32开的书（850 mm×1124 mm），5.375印张，将近15万字；而同样容量的数字教材，只需不到10 M的存储空间，一个32G的U盘，可以容纳3200本数字教材。可以说扩充容量对于数字教材而言不是问题。

目前的数字教材仍然没有脱离纸质教材的知识边界，事实上，数字技术介入教材之后，在知识准入层面可以有更多的考虑。有些知识内容，不适合纯文字或者图片的表达，而可以通过多媒体的形式进行展现和传播的，就可以纳入教材体系。比如音乐，音符的高低、长短、节奏，固然用文字可以表达，但却不如声音更能表达知识本身。还有些过程性的知识，用文字的描述难以清晰完整地呈现，也不易在大脑中形成总体的感知，比如运动，姿势的协调性、整体性、衔接性、连贯性，这些通过视频的方式来表达，远远比文字和图片更全面。这样将会有更多形态的知识内容可以进入教材中。

如果数字教材能够脱离纸质教材的知识边界，能够有专门的数字教材编制标准，那么数字教材遇到的问题可能是过于丰富的知识如何安排的问题。纸质教材的系统性经过百年的发展已经相对固定。每节内容的安排，要考虑一节课时间的容量，一本教材的整体容量要考虑一学期课时的容量。学科内容的编排大多以线性为主，整套教材又呈现螺旋上升的系统特征。就数字教材编排的系统性来说，要比纸质教材复杂得多。就知识容量而言，容量多少不是问题，但是如何合理安排大容量的知识内容值得深入研究。哪些知识是更为核心关键的，哪些是核心知识的延伸，如何照顾外延知识之间的关联问题。数字教材的知识结构更像是立体的网状结构。不仅要关注本学科内部知识的衔接关联，还要关注不同学科之间知识的关联。

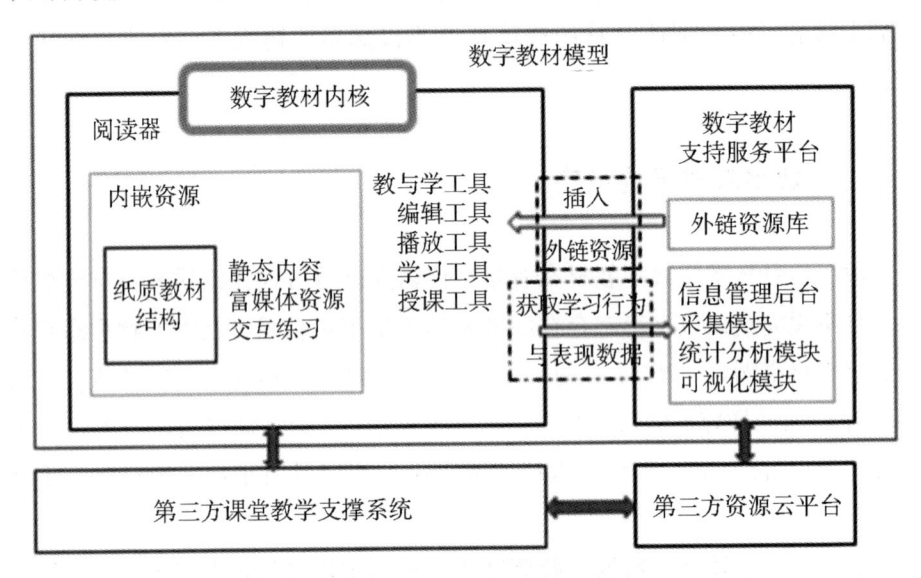

```
                          数字教材模型
    ┌─────────────────────────────────────────────────────┐
    │        数字教材内核                                      │
    │  ┌──────────────────────┐      ┌──────────────────┐  │
    │  │  阅读器              │      │  数字教材         │  │
    │  │                      │      │  支持服务平台      │  │
    │  │  ┌──────────┐        │      │                  │  │
    │  │  │ 内嵌资源 │  教与学工具│ 插入 │ ┌────────────┐  │  │
    │  │  │          │  编辑工具 │────→│ │  外链资源库 │  │  │
    │  │  │ ┌──────┐ │  播放工具 │外链资源│ └────────────┘  │  │
    │  │  │ │纸质教│ 静态内容│  学习工具 │      │            │  │
    │  │  │ │材结构│富媒体资源│ 授课工具 │获取学习行为│ 信息管理后台│  │
    │  │  │ └──────┘ 交互练习 │      │与表现数据│ 采集模块    │  │
    │  │  └──────────────────┘      │          │ 统计分析模块│  │
    │  │                      │      │          │ 可视化模块 │  │
    │  └──────────────────────┘      └──────────────────┘  │
    └─────────────────────────────────────────────────────┘
              ↕                              ↕
    ┌──────────────────────┐      ┌──────────────────────┐
    │ 第三方课堂教学支撑系统 │←────→│  第三方资源云平台    │
    └──────────────────────┘      └──────────────────────┘
```

图 5-7　某出版社数字教材结构模型

图 5-7 是某出版社搭建的数字教材结构模型，从该模型中，我们可以看到教材对于内容的丰富性做了充分的考虑。教材的内嵌资源，包括静态内容、必要的富媒体资源和交互练习，而将丰富的扩展内容资源作为外链资源库。这是一种可取的处理资源丰富的方法。将丰富的资源进一步分类分层处理，既不加重数字教材核心内容的负载负担（负担过重会影响数字教材的运行效率），又可以使更加丰富的资源随时进入数字教材使用。

将数字教材的知识内容分层处理为立体网状结构是不是可能的，如何实现？美国的肖瓦尔特（Showalter）构建了用于科学教育的科学知识结构图。用七个层级——知觉感受、直接概念、事实、定律、创设概念、原理、理论，囊括了所有的科学知识，呈现了从知觉开始直至理论的过程。[①] 有学者指出在

---

① SHOWALTER V M. A Model for the Structure of Science [M]. Cleverland: Research Council of American Press, 1974: 91-100.

科学教育中，科学内容知识具有一定的相互关联逻辑，是具有一定结构的巨大系统。而我国的科学课程教学中，将之视为孤立零散的知识要点。也因为这些知识点没有形成相互联系的概念结构框架，所以学生主要通过背诵和记忆进行学习。他进而指出，课程资源（包括教材）需要关注概念体系的建构。[①] 美国"2061 计划"研究人员总结，一本优秀的教材应该"明晰概念之间、概念与原有概念之间以及概念与其他相关概念之间的联系"[②]。

信息社会的当下，知识场理论、知识生命周期理论、知识链接理论和知识地图理论都从不同的侧面揭示了学科知识的内部螺旋发展，外部动态关联的网络状结构，都从不同视角指导学科知识网络通过数字信息技术实现可视化，促进学科知识网络的发展。[③] 已有研究者对如何将知识网络的研究成果运用于教材知识结构进行了研究。《基于复杂网络的教材知识结构模型研究——以初中物理教材为例》从知识之间的联系出发，提出了一种能够客观、完整地描述教材知识网络结构的模型。该模型对教材的核心知识、知识结构的信息量与紧密度等整体特征进行了定量的分析。研究者以一套初中物理教材为研究对象，在科学内容知识的概念图相关理论的指导下，解构了教材知识体系，将其划分为大量知识点。再根据概念图的研究思想，将这些知识点按其在教材中的位置逐一建立联系，按照社会网络分析和复杂网络中对关系研究的理论，采用矩阵的方式描述教材的知识结构，得到了教材知识结构的网络结构图。[④] 这些研究成果证明了教材中知识点的网状分布态势，也为丰富教材内容合理安排逻辑结构提供了新的思路。

总体来看，数字教材在解决教材内容有限性与人类文化丰富性的矛盾时，

[①] 张颖之，刘恩山. 科学教育中科学内容知识的结构[J]. 课程·教材·教法，2013（10）：47-51.

[②] High School Biology Textbooks: A Benchmarks Based Evaluation [EB/OL]. (2011-11-18) [2022-03-18]. http://www.project2061.org/publications/textbook/hsbio/report/analysis.htm.

[③] 顾东蕾. 论学科知识网络的理论基础[J]. 图书情报工作，2008（9）：32-35，73.

[④] 彭征. 基于复杂网络的教材知识结构模型研究——以初中物理教材为例[D]. 北京：北京师范大学，2014.

可以有效增加教材的容量，并且能够基于一些新的研究理论来构建适合大容量、多形态的内容的结构系统。相关研究理论解释了知识内容进一步解构和重组的可能性，解构和重组可以使数字教材的知识点成为网状结构。立体的网状知识结构是数字教材解决大容量知识内容合理构建问题的可行性对策。

第六章 数字教材的主体教学价值及其提升

在前文数字教材的主体价值体系中简单涉及了数字教材、教师与学生的关系。在这一章笔者将着重分析教师与学生这对数字教材主体之间的特殊关系，并进一步阐述数字教材如何提升学生学的能力及教师教的能力，以更好实现主体教学价值的提升。

第一节　数字教材主体的独特价值关系

数字教材的使用没有收到意想的效果，主要是因为数字技术的使用与教材主体的诉求不符，产生了技术异化。苹果公司创始人乔布斯生前提问："为什么计算机改变了几乎所有领域，却唯独对学校教育的影响小得令人吃惊？"著名的乔布斯之问直指数字信息技术的实践过程在其他领域和教育领域的根本不同之处。要想实现数字教材中信息技术异化的消减，提升数字教材主体价值，有必要深度阐释在教育教学活动中数字信息技术与主体的独特关系，继而提出旨在提升数字教材主体教学价值的建构策略。

一、主体—技术—主体的技术价值实现机制

技术参与社会其他领域建造的过程，可以简化为主体—技术—客体的改造过程。比如，原来人开采矿山，依靠手挖，后来有简单的手持工具，随着信息技术的进步，有了功能强大的控制程序，生产了操控性非常好的挖掘机，使得开采矿山这件事更加简单，规模可以不断扩大，满足更多人的需求。技术异化的表现在于对环境的破坏，损害了人的生存利益，得不偿失。这样的例子在人改造自然界的活动中不胜枚举。在技术改造社会领域时也可以找到类似的例子。比如商业，最早人们以物易物，货币出现后，人们的交易有了中介，大型的贸易成为可能，然而技术的异化表现为人对人的剥削。信息技术使得货币虚拟化，有了更复杂的金融活动技术和规则，好的创意可以获得

更多的投资机会，但信息技术在金融领域异化的表现更加可怕，"高明者"可以利用信息技术发动金融战争，无辜的人群备受牵连。还有技术对于人的影响。比如，人最初依靠自身行走，之后可以骑行，现在人们可以乘汽车、火车、飞机，技术使得人驾驭的客体变得强大，人自己也获得利益，犹如人的行走能力增强了一样。技术异化的表现大概在于人们缺少了自身肢体的锻炼，体能较之古代下降了不少。上述这些情况与信息技术参与教育活动的机制有本质的不同。

教育活动的特性在于人对于人的影响，其结果是人自身能力的改造，具体地说是学生知识水平、情感态度、意志品质和一定身体机能的发展。因而，技术参与教育领域的过程是主体—中介（技术）—主体。最初的教育关系，技术就是人本身的技能，与人并不分离。教育活动的开展，是人直接影响人的活动。早期的教育活动依靠人的行为示范、口述等，是主体—主体的直接活动。后来随着教育从社会分工中独立出来，技术也越来越多地参与到教育活动中，教育活动需要借助一些技术化的物品来实现，比如教材、教具等。主体对主体的教育活动演变为主体—中介（技术）—主体模式。借助技术中介，教育活动的发起者也可以是学生自己，学生借助某种教育技术中介物对自己进行改造，也是某种形式的教育活动。教育活动的独特性在于，教育的目的是人的发展，但是技术中介物的改进，并不必然对学习主体产生积极正面的影响。比如借助计算器工具，学习者可以获得精准的计算结果，却未必能够提升自己的计算能力。我们把内容储存在电脑里，并不提升我们自己的记忆容量。这些现象与技术改造非主体自身能力的活动有根本的区别。甚至，外部技术越强大，反而替代了人类自身能力的延伸，这恰恰不是教育希望的结果。教育领域中技术异化的表现在于用技术替代了主体能力的发展。数字教材中的技术与教材主体的关系同样遵循了教育中技术与主体的基本活动机制。在数字教材的开发中，任何功能的加载，均应思考是否有替代教材主体的倾向，是增强了还是削弱了教材主体的能力。设计者应全面权衡教材功能的必要性及其对学生造成的影响。

二、技术主体同一或转移

数字信息技术参与教育活动,还有一个必须要考虑的特殊性在于,教育活动的主体不是单一主体,在教师—(中介)技术—学生的框架中,可以看到借助信息技术中介,教育活动中发生了"主体转移"。教师借助技术中介物施教于学生,教师的不当技术行为会影响学生主体自我发展。举个例子,以前教师要自己开发课堂教学资源,现在教师可以借助现成的数字资源。对于教师自己而言,劳动强度减轻了,符合教师主体意愿和利益,但是因为资源的针对性不够,不能有效提升学生的学习效益。从长远看,学生学习效果不好,教师又要额外付出诸多劳动来弥补,同样受其所累。对教师和学生来说,受技术的影响程度不尽相同。教师作为技术使用的发起者时,技术的直接影响作用发生在学生身上,教师只是作为技术作用的间接影响者。教师是否有能力辨别技术中介的使用是否对学生起到了正向的价值作用至关重要。如果技术中介的负价值没有被教师及时发现(一般这种负价值比较隐晦),或者即使发现了,却因为种种原因有意无意地忽略了,那么这种活动会被当作正价值的活动推广开来,造成技术的异化效应继续扩大。在教学活动中,教师和学生对于技术的运用并不完全相同。对数字教材而言,有时教师是技术使用的主体,通过技术中介,让学生主体获得学习的收获。有时学生也是技术使用的主体,学生自己通过技术操作,获得认知、情意和能力的发展。在数字教材中技术的效用集中体现在对学生主体的影响上,但是技术的操作主体却是教师和学生两者并存。

三、双向参与

如果用主体—中介(技术)—主体来概括技术在教育领域中的活动模式,那么还必须注意的一点是,这并不是单向输入的过程。虽然我们通常所见是教师借助技术中介去影响学生,但是这种影响的目的在于激发学生的主体性,所以学生利用中介(技术)去学习和成长,也是教育中技术活动的必备环节。

只注重单向的输入，学生即被视为知识的容器，教育被扭曲为知识传递的附庸，而教育过程中的人文关怀、情感影响、价值观形成等等，都将泯灭。只有学生的主体性被充分激发，学生能够主动进行知识、情感、价值观的建构，在积极的表达中参与与教师的对话交流，教育才真正地发生了。单向度的灌输是技术在教育中的异化。技术参与教育的过程绝对不是使学生成为技术的俘虏，反而应该让学生成为技术的主人，利用技术去探究、学习，表达思想，展示自我。

四、多主体相关性

关于纸质教材的很多研究都关注了教材设计中的主体相关性。有研究指出，教材的主体相关性是"以全体学生的个性全面发展为嚆矢，为全体学生的主动性、自主性、创造性和社会性发展而服务的教材的根本性质；其设计应以确保学生成为学习活动的主体、个人生活的主体和社会生活的主体为职志"[1]。这一定义，强调将学生视为教学活动的主体，教材的设计要以促进学生这一主体各方面能力提升为主旨，原则上是对的，但却不能涵盖教材设计中对于"主体"的全面考虑。

教材并不是学生认识活动得以展开的唯一客体，而教材的使用主体也并不仅仅是学生。教材的设计不仅关注学生的学，还关注教师的教，教学一体。因而，教材并不是学生个体的学习读本，它是师生课堂教学活动开展的资源支持。教师和学生对于教材都有使用权。如果要将教材作为客体以区分和使用主体的关系，那么教材的使用者就至少包括学生和教师。教师使用教材是为了根据学生的需求，灵活改造和使用教材资源；学生使用教材是为了更好地进行自我的知识建构。在纸质教材时代，教师对于教材的改造是独立于教材之外的行为。教材在设计时对于教师的考虑，并没有凸显出来，但一直隐含在教材设计的背后。其实面对纸质教材时，教师对于教材的研究、解读往往比学生更加深入、深刻，把握更加全面。数字时代，任何数字产品都强调

---

[1] 孙智昌. 主体相关性：教科书设计的基本原理 [M]. 北京：教育科学出版社，2011：31.

对于使用主体需求的细分，数字教材也不例外。

数字教材在使用推广过程中，日益关注到教师和学生对于教材使用的不同需求。教师对于数字教材中的备授课资源和测评资源倍加关注。此外，教师还对于教学管理、自建资源、共享资源等有独特的需求。这些需求，在使用纸质教材的过程中，是相互分离、相对独立的。数字技术可以系统地将这些需求整合到数字教材中。教材对于教师而言，不仅是给学生教授知识的载体，也是他们自己专业成长的研究对象。数字教材连接着教师与课堂，连接着教师与教学管理，还连接着教师与教研系统。通过使用数字教材，教师对于教材的改造、创生，可以基于数字媒体技术而直接作用于教材，并同时传递给学生。

学生对于数字教材的需求，独特性表现在对于自主性学习的支持和自主测评上。能够辅助学生开展自主学习，个性化学习是数字教材较之纸质教材的重要优势。虽然数字教材在这方面的研发目前还不到位，但是这应该是一个未来需要着重发展的方面。班级授课制是一种正式的群体教学方式，对于学生个性化的需求很难照顾到。能为学生在课前、课中和课后使用教材时提供不同的有针对性的资源是个性化学习开展的基础。我们一直倡导的个性化的全面发展，在实际的课堂教学中并不容易实现。一间教室、一位教师、同样的教学资料，这样的物质基础很难谈个性化的教学。数字技术可以以大量的资源作为基础，并依据数据工具的支持合理配备相应的资源，根据学生的学习轨迹用数据分析诊断学习效果，再推送新的资源。数字教材网状的知识联结，复杂的立体化的支持，实现让学生使用不同的学习资源、采取不同的学习进度、应用不同的测试资源，最终实现殊途同归的学习效果。

数字教材还可以为教学管理相关人员提供工作支持。虽然在传统意义上，教学管理人员无论如何也算不上教材使用的主体，但是教学管理工作却与教学工作紧密相连。以往总是依靠人工或者经验来判断，数字化时代，教学管理工作越来越依靠数据支持的证据作为教学管理的基础。如何获得这些数据？很多学校都建立了相应的教学管理平台，而数字教材可以与其对接，并为它提供师生学习行为的相关数据。

在图 6-1 所示的某数字教材模块系统设计中，我们可以看到目前数字教材的设计中已经有意识地区分了教师和学生两个主体的需求。而中间灰色的部分，包括数据的收集分析和学生的学习轨迹，可以提供给教学管理部门。

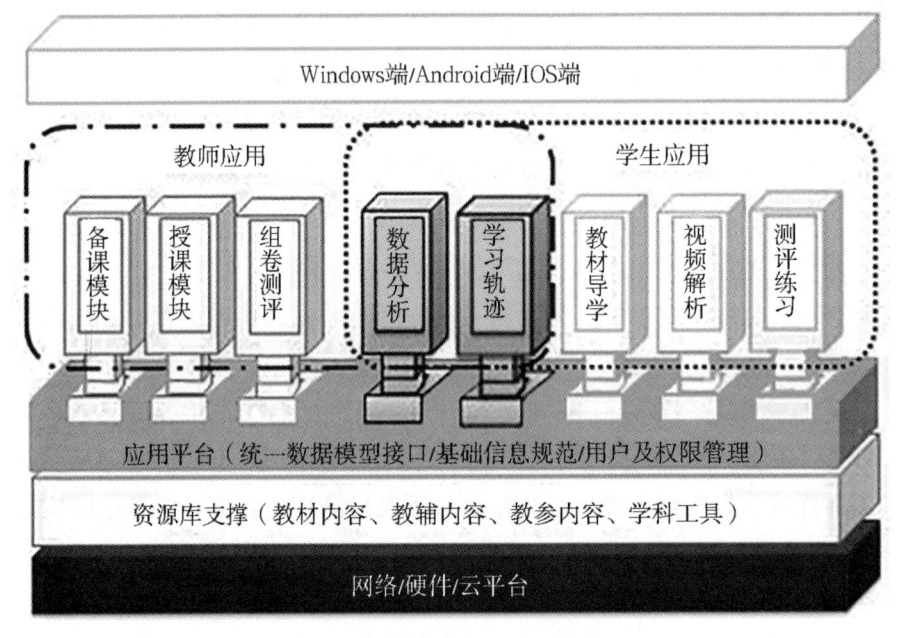

图 6-1　某数字教材模块系统设计

数字教材为不同的主体提供满足其需求的不同资源，可以通过分版本的方式实现。有教师版、学生版、教学管理版，甚至可以有家长版。可以依据不同版本的需求研发特色的工具和功能。纸质教材有教材、教师用书，以及配套的教案、同步练习等，已经有了分层次、有针对性的设计，其中教师用书、配套练习与教材之间也有内在的关联。但是资料之间相互独立，没有直接关联。数字教材借助数字技术的优势，可以将这些资源进一步融合，系统规划、统整。也是在这个意义上，数字教材的内涵比数字教科书更能容纳如此多的资源。

数字教材目前对于不同使用者主体性的关注还显不足，各种资源建设还处于积累阶段，系统模型也还处于试用阶段。但数字教材在融合多主体相关性上，未来发展的前景十分广阔。数字教材多主体相关性也改变了教师—教材—学生这一传统的课堂教学三角关系。以数字教材为资源枢纽，课堂集体教学、课后自主学习、教师专业成长以及教学管理等与教学息息相关的要素连接得更加紧密、多元，可以产生多向互动，新的学校教学生态体系得以建构。

第二节　数字教材提升学生学的能力

数字教材提升学生学的能力就是为学生在学习中发挥自主性提供足够的可能，包括更全面地设计学生主体活动类型，为他们提供突出学习重点的内容，促进深度有意义学习的发生。此外，还要为学生展示主体学习效果、进一步内化学习内容提供机会，让他们可以借助数字信息技术的力量表现自我的发展。

一、全面地设计学生主体活动类型

在教材的编制阶段要观照课堂教学活动的实施。教材是特殊的出版作品，但跟所有的作品一样，著者心里都有潜在的读者需求，一直朝向那种需求提供相关的内容。我们看到纸质教材在内容上的基本结构，与课堂教学的逻辑顺序基本一致：导语或情境问题—课堂导入，正文—授课，练习—检验学习效果和复习。从这种编排结构可以看出，纸质教材对于学生在课堂上的主体活动没有过多的预设，基本交给课堂活动的组织者——教师完成。对于学生主体活动的设计一般由教材的"助学系统"来支撑，比如"想一想"或者"读一读""和同学讨论"等活动建议，这些活动形式较为简单，如果教师课堂教学技艺不佳，那么课堂活动就会比较平淡。比如在语文课上，有经验的老师会让学生采取各种方式来"读"课文，自由读、分小组读、角色扮演读，甚至还有改编课文形式，把叙述的段落加上标点变为诗歌来读。其目的就是让课堂变得活泼有趣，让学生变着花样地"读"，通过各种读的活动来理解课文的内容。如果在教材的编制层面，就能给予学生多种主体活动的设计支持，那么即使教学经验不够丰富的老师也可以组织起变化多样的主体学习活动。数字教材在编制中，应该更全面地设计不同学科的主体活动，将主体活动与教学内容融合，借以提升学生的学习能力。

以英语学科为例，表6-1显示的是某版数字教材英语学科所做的内容资源和体例设计，这些多媒体形态的数字资源，可以支持多种主体活动的展开，"主体活动预设"为笔者所做的初步分析。

表6-1 某版英语数字教材内容体例设计及教学活动分析

教学环节	内嵌资源	外链资源	主体活动预设
情境导入	·主情景图动画.swf ·对话完整语音.mp3 ·单句语音.mp3 ·主情景图动画.h5		·视听感知 ·听读 ·逐句点读 ·对话点读
教学过程	·听力语音.mp3 ·听力交互练习.swf ·情景对话动画.swf ·对话完整语音.mp3 ·单句语音.mp3 ·听力交互练习.h5 ·听力文本听说.h5 ·情景对话动画.h5 ·角色扮演动画.h5 ·重难点显示	·电影片段.mp4 ·拓展活动.h5 ·第三方资源	·视听 ·角色扮演 ·对话点读 ·自主查资料 ·翻页连读 ·听后翻译
复习巩固	·歌曲完整语音.mp3 ·歌曲完整伴奏.mp3 ·歌曲情景动画.swf ·单句语音.mp3 ·歌曲情景动画.h5		·点读 ·对话点读 ·跟读 ·唱英文歌

表6-1所反映的英语数字教材的数字资源形式有音频、视频、交互资源、动画等。这些资源形式比文字具备了更多的功能。能够让学生实现对语言的

自主听看感知，反复倾听增强语感，跟读纠正语音，情景模拟角色扮演，唱英文歌曲，自主查阅资料。而教师根据这些功能，可以组织学生开展更丰富的课堂学习活动。单独指导、示范朗读、师生对话、生生对话、小组竞赛、作品展示等等。教育部滇西扶贫小学英语"清零计划"2016年在云南宾川地区开展教师培训，当地教师英语学科素养很低，很多老师甚至无法正确朗读英语课文。然而，经过短短2周的培训，结合该版数字教材的资源，不仅教师能够顺畅地开展英语教学，而且课堂还有多种学生活动形式。教师借助视频、音频、点读等数字教材内置的资源，组织了复杂活泼的多种教学互动，学生学习英语的热情高涨。对比当地因为师资和纸质教材媒介提供的有限教学功能，很多英语课程都无法开设，学生学的英语都是"哑巴"英语的情形，这样的主体活动丰富的课堂才能真正促进学生英语语言能力的发展。

数学、物理、化学、生物等学科的数字教材可以依据学科特点，设置学生阅读、画图、实验设计、建模等活动形式，在课堂这个有限的空间，高效、直观、有趣地开展主体学习活动。在数字教材建构阶段，对于课堂上学生的主体活动有更多的考虑，就能给学生开展自主学习活动和师生多样的课堂互动教学提供更有力的支持。

二、突出学习内容的规律性

教师对教材的研读是教师培训的重要内容，但是对学生而言却没有专门的研读教材的培训。纸本教材本身能够明确提供给学生的内容重点和学段学习重点十分有限。以语文教材为例，我们能看到，从小学到高中的教材均是以选文为主，选文的长短和内容难易程度有所区别，但是如何把握这些内容在教材层面很难明示，学生如果开展自主学习，能获得的支持少而又少。只有准确把握不同学科学习内容的特性，着重掌握内容的重点难点，才能让学习过程事半功倍。数字教材在建构时，务必要考虑突出不同学科重点学习内容，不同年龄段学生的学习特点。

首先，要考虑不同年段学生的学习能力，在内容的容量上科学安排。低年段学生自主学习能力稍弱，大部分的学习活动依赖老师的教授，自主学习资源不宜安排过多。而随着年龄的增长，为学生提供的扩展学习资源可以逐渐增多，以满足学生的额外学习需求，培养他们自主学习的能力。其次，在数字资源的类型上要考虑不同年龄学生的特点。低龄学生多用动画、卡通的形象，更容易吸引他们，随着年龄的增长，就要更贴近真实的生活场景，创设更为复杂的问题情境，将学生的思维引向深入。再次，数字资源要贴合学科特征。语言类的学习需要提供"全语言"学习环境，创设多种语言运用的情境，针对口语和书面语训练的重点，提供相应的数字资源。例如英语的纸质教材，每一课只能提供一个对话的场景，而数字教材可以深入挖掘对话背后的文化内涵，扩展同一主题的对话情境。像见面问好这个主题，课文里给定的是早上两个人见面相互问好的情形，数字教材通过外链的扩展资源，可以呈现初次见面的两人如何问好，早中晚三个时间段如何问好，熟人之间如何问好，熟人经常见面如何问好，熟人有段时间没见面怎么问好，英国人通常怎么问好，美国人又有怎样的问候习惯，等等。① 这些不同情境背后蕴含的语义不同，文化背景也不同。

在数字教材研发的初始阶段，很多数字资源并不是因考虑到教学的需要而嵌入教材中，而只是因为有合适的方便的数字资源，或者只是为了增加内容的生动性，但是并没有考虑这里是不是教学的重难点，是否可以帮助学生实现思维的发展。这些现象让研究者批评数字教材华而不实，继而强烈建议要针对教学的重点难点问题，帮助学生提高学习的能力。

不同学科有不同学科的特色，有不同的学科素养培养重点。数字教材的建构必须服务于不同学科的培养任务，凸显学科的特色，帮助学生理解学科的概念、学科研究过程、学科的体系及学科思想。比如数学学科，它主要培养学生抽象思维的能力，但是数学的学习不是从抽象到抽象的过程，而是从许多形象具体的实物上升到抽象思维的过程。数学的抽象是从直观到抽象的过程。纸质教材对于数学概念的呈现，因受到篇幅和介质的影响，往往只能进行文字和公式的表述，对于学生而言那意味着是从抽象到抽象的过程，造成很多学生学习的困难。缺少相应的形象内容的支撑，直接影响了他们抽象概念的形成及在解决实际问题时的运用。数字教材可以为学生在从直观到抽

---

① 参考"人教口语"APP的话题情境设计。

象数学思维的形成过程中提供切实有效的帮助。以导数的学习为例，数字教材可以通过物理、几何甚至历史的具体案例为学生理解这个教学重点提供形象的帮助：从物理角度，速度可以帮助建立导数概念的直观基础，与物理概念"平均速度和瞬时速度"联系，将直观的想法"Δt 越小，运动的描述就越精确"数学化，即用数学符号和方法刻画"Δt 非常非常小，$\dfrac{\Delta x}{\Delta t}$ 表示的是时刻 t 的速度"，就从物理直观抽象到了数学概念；再如从几何角度，导数概念的直观基础是切线，从圆到曲线，从"相交一点"到"贴得最近"到"无限接近"再到"割线逼近"，得到精确化的切线定义，即导数；又如从历史角度，导数概念的漫长建构过程反映出一个经典数学概念的成长图景，其中既有从直观到抽象的全过程，也有数学家的灵感、方法和困惑。① 通过上述多类型的资源，学生在学习导数这一概念时，可以与至少三种形象事物相联系，理解更加深刻；反之，学生可以从三种形象事物中提升出导数这一抽象概念。

对于理科等需要抽象思维的学科，给学生提供从具象到抽象的思维阶梯非常必要。但是，对于形象思维培养的学科，有时却需要特意屏蔽过于具象的图片、视频等。比如感悟诗歌、散文的意境，需要给思维留下空间，专门品味语言和文字的功用，而不能将之以图片或者视频的方式替代，阻碍学生思维的延伸。

几乎可以肯定的是数字教材在突出学段和学科重点内容方面，比纸质教材有更多的方式和方法，但是这些方式的使用不能无序泛滥，应该以学生不同发展阶段的特点和学科教学重点为中心来建构。

三、促进深度有意义学习的发生

对于数字教材中的多媒体资源，人们担心那些只是图像和视频等的展示，会让学生止步于表面的学习，不能进行深度有意义的学习。

深度学习的概念最早由多伦多大学的辛顿（G. E. Hinton）等于 2006 年

---

① 王嵘，陈晓娣. 数字教科书：从直观到数学抽象[J]. 数学通报，2016（6）：25-30.

提出，是一种新型的智能计算机训练方法，指基于样本数据通过一定的训练方法得到包含多个层级的深度网络结构的机器学习过程。① 在我国，一些学者将其延伸到人的学习概念中。何玲等认为深度学习是指在理解的基础上，学习者批判性地学习新思想和新知识，将它们与原有的认知结构相融合，将众多思想相互关联，将已有的知识迁移到新的情境中去，做出决策并解决问题的学习。② 张浩等提出了深度学习的几个特征：注重批判理解、强调信息整合、促进知识建构、着意迁移运用、面向问题解决和提倡主动学习终身学习，其核心特征是高阶思维，发展高阶思维有助于促进深度学习，并指出了建构主义理论、情境认知理论、分布式认知理论及元认知理论对深度学习的理论指导意义。③ 目前我国使用的深度学习的意涵已经脱离之前计算机学习的本意，而作为对于人深层次学习状态的描述。深层次学习强调认知的自主建构，知识之间的多维关联以及根据情境的迁移运用，此外还包括更主动的学习意愿、批判性思维能力等。现在深度学习与数字化学习的概念相互关联，被誉为数字化学习的"优势"，而早在深度学习的概念流行之前，在教育领域与认知心理学的领域，"有意义学习"的理论已经成型。有意义学习与深度学习有很多相同的内涵和目的指向。数字教材作为数字信息技术与传统教材融合的产物，在继承教材优势的同时又要凸显数字化学习的特征，提升学习者深度有意义的学习能力。

数字教材借助数字信息技术的优势，要为学习者提供更多的信息与知识之间的关联方式，为不同学习者打开学习的通道；补充必要的信息，与学习者已有的经验建立必要的联系，促进有意义学习的发生；使更多用纸质教材不易显现的知识外化，帮助学习者内化，也提供多种工具，帮助学习者表达隐性的知识。

数字教材中除了知识，还附有丰富的信息。这些信息作用不同，有的引

---

① BENGIO Y. Learning Deep Architectures for AI [J]. Foundations and Trends in Machine Learning, 2009 (1): 1-127.

② 何玲，黎加厚. 促进学生深度学习 [J]. 现代教学，2005 (5): 29-30.

③ 张浩，吴秀娟. 深度学习的内涵及认知理论基础探析 [J]. 中国电化教育，2012 (10): 7-11, 21.

起学生思考，有的引起学生联想，有的引起学生的兴趣，有的帮助学生记忆。通常来说，知识是比较抽象的表达，比如可以简化为一个公式。但是为了让学生理解、掌握这个抽象的知识，教材中需要呈现大量的信息作为学习知识的铺垫或者引申。当我们说，知识是数字教材的核心内容，意即知识是教材内容的骨架，是希望学生记忆、掌握、运用的。然而，孤立地呈现知识是无法帮助学生学习的，需要补充大量的"额外信息"，与学生已有的知识、常识和经验构建有意义的关联，才能引起学习活动的发生。与纸质教材较为单一的媒体表现方式比较，数字教材可以依据学生的媒介偏好，提供不同的信息表现方式。问题是，是否多媒体的复合表现比单一媒介更有优势？

媒介研究的知名学者马歇尔·麦克卢汉对于媒介的论断发人深省，他认为媒介是人的延伸，媒介即讯息。[①] 像衣服是肌肤的延伸，房屋是体温调节的延伸，交通工具是腿脚的延伸一样，媒介是人体和人脑的延伸。理查德·E. 迈耶对于多媒体学习的研究，一直关注怎样呈现信息以促进人们的理解，包括怎样使用文字和图片来解释科学和数学概念。他基于认知心理学的三种对文字和图片进行信息加工的理论假设——双通道假设（Dual Channel Assumption）、工作记忆有限性假设（Limited Capacity Assumption）、积极加工假设（Active Processsing Assumption）[②]，经过十多年一百多个实验总结出了多媒体学习生成理论，如图 6-2 所示。

学习者分别通过眼睛、耳朵器官吸收信息，并且加工成图像模型或者声

---

① 马歇尔·麦克卢汉. 理解媒介：论人的延伸［M］. 何道宽，译. 南京：译林出版社，2011：6.
② 双通道假设认为，人类的认知系统包含两个截然不同的表达和处理知识的通道——视觉图像通道和声音语言通道。通过眼睛进入认知系统的图像，以图像的表现形式在视觉图像通道中被处理和加工。语言等通过耳朵进入人类认知系统，并在声音语言通道中被以词语（Verbal）的形式加工。工作记忆有限性假设认为人类认知系统中信息加工的各个通道保存和处理信息的容量是有限的。当大量的图片或其他视觉材料同时进入视觉图像通道时，就可能引起认知加工的超载。当大量的声音材料进入声音听觉通道时，也会引起信息超载。积极加工假设是指，当学习者积极主动参与信息通道的加工活动时，有意义的学习得以发生。参与活动包括文字和图像信息的选择，把信息组织成关联的语言和视觉模型，把语言、视觉模型与先前相关知识整合。当语言和图像信息同时进入工作记忆时，积极学习加工活动最有可能发生。

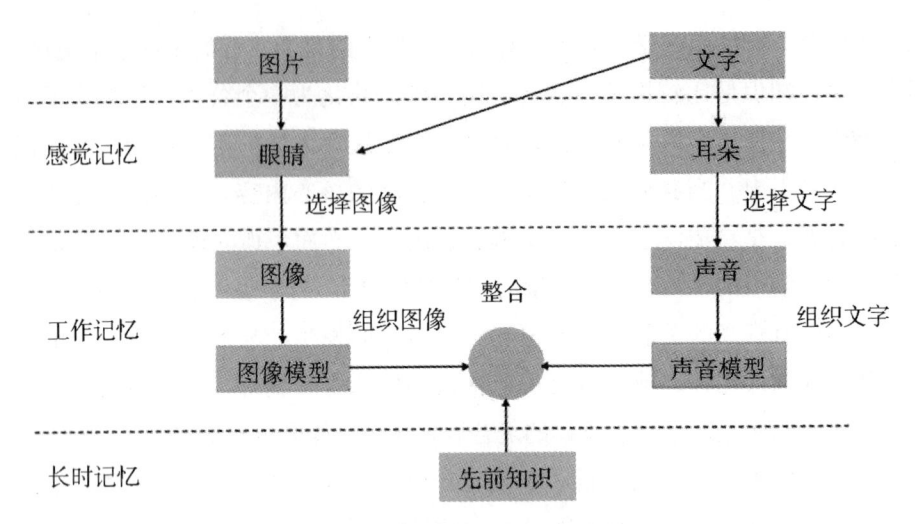

```
                  ┌──────┐                    ┌──────┐
                  │ 图片 │                    │ 文字 │
                  └──┬───┘                    └──┬───┘
                     │         ┌────────────────┘│
─感觉记忆────────────▼─────────┘─────────────────▼──────────
                  ┌──────┐                    ┌──────┐
                  │ 眼睛 │                    │ 耳朵 │
                  └──┬───┘                    └──┬───┘
                     │  选择图像          选择文字 │
─────────────────────┼───────────────────────────┼──────────
                     ▼                           ▼
                  ┌──────┐       整合         ┌──────┐
工作记忆          │ 图像 │                    │ 声音 │
                  └──┬───┘                    └──┬───┘
                     │  组织图像          组织文字 │
                     ▼         ┌───┐             ▼
                  ┌──────┐    │   │          ┌──────┐
                  │图像模型├──▶│   │◀─────────┤声音模型│
                  └──────┘    └─▲─┘          └──────┘
                                │
─────────────────────────────── │ ──────────────────────────
                             ┌──┴───┐
长时记忆                     │先前知识│
                             └──────┘
```

图 6-2　多媒体学习生成理论模型

音模型，再将这些模型信息和长时记忆中积累的知识连接起来，进行整合。该理论也认为，只有当学习者在认知加工各阶段中进行积极的思维参与，有意义的学习才能发生。由此，能够一目了然地看到使用多媒体数字资源的优势。声音、图像、文字等多种媒体形式，更能调动人的多种感官进行知识加工和储存，借此达到更好的学习效果。理查德还总结出了多媒体学习的十大定律，这十大定律对于指导数字教材的媒体规划建设具有重要的借鉴意义。

数字教材包含的多媒体教学资源可以帮助学生实现显性知识和隐性知识之间的转换。当主体对客体的信息进行感知、选择、思维整合等加工之后，就形成了个体的知识。一些已经发现的外在于人的知识，经过一些恰当的方式让人将信息输入、加工，理解并掌握了知识，是一种学习旧知的过程。而人主动选取信息进行加工并输出的可能是一些新的知识。还有学者在知识与信息的转化过程中关注到了隐性知识的问题。知识是经过大脑处理的信息，是关于事实、过程、概念、理念等个性化的判断的信息。信息一旦经过大脑的处理就成为"隐性"知识。隐性知识经过表达或通过文本、计算机输出结果，以口语或书面文字的方式与他人交流，转变成信息或显性知识。而信息的接收者对信息加工处理内化，信息和显性知识将再一次转化成隐性知识储存在人脑中。① 波兰尼认为默会的隐性知识是显性知识的基础，能够明确表达的知识很有限。"隐性知识是自足的。显性知识依赖于隐性的理解和运用。完全显性的知识是不可能的。"② 野中郁次郎（Nonaka）等将显性知识与隐性知识的研究进一步深化。他们认为显性知识可以用书面语言来表达，可以用数据、科学公式、书籍等形式来共享，能够被处理、传递和储存。显性知识的对象是"彼时彼地"已经发生过的事情或客体，是过去的固化下来的知识。隐性知识是高度个人化、内在化的，难以用数字、文字等清楚表达、传递，与情境紧密相连，是"此时此地"的知识，"牢牢地与行动、规程、日常活动、信念、理想、价值和情感联系在一起"。③ 之后又有研究者在显性知识和隐性知识之间搭建了桥梁——隐含知识。那些可以显现但没有显现的知识是隐含知识，而完全不能够显性化的知识才是隐性知识。④ 波兰尼关于知识的分类对于教育文化领域有深远的影响。尤其在教师教育领域中，有学者认为很多教师的教学实践知识多半是缄默的隐性知识。

谈论隐性知识和显性知识的区别与联系，其目的是人们希望能够将知识明确表达出来。毕竟无法呈现的信息或者知识无法实现传递，也无法让人习得，学习活动就无从开展。对于教材中的知识来说，很明确地符合波兰尼显性知识的基本特征，应该是能够表征的。在纸质教材中，就是以文字、数字、图像等形式表征，如三角函数公式、正弦余弦的曲线等。在数字教材中表征的形式就更多，比如一段视频就可以演示程序性知识，直观地表达如何做。而原本静态的曲线可能发展为动态的模型，单一的文字、图像可以融合为多模态的表现方式。多媒体的知识呈现可以调动更多的感官参与到知识的理解

---

① ALAVI M，LEIDNER D. Knowledge Management Systems：Issues，Challenges and Benefits [J]. Communication of AIS，2001（7）：2-41.

② POLANYI M. Knowing and Being [M]. Chicago：University of Chicago Press. 1969：144.

③ 野中郁次郎，等. 组织知识创新的理论：了解知识创新的能动过程 [C]//迈诺尔夫·迪尔克斯. 组织学习与知识创新，张新华，译. 上海：上海人民出版社，2001：384.

④ NICKOLS F. The Knowledge in Knowledge Management [C]//CORTADA J W，WOODS J A. The Knowledge Management Yearbook 2000-2001，London：Routledge，2000：12-21.

与建构的过程中，让学习者有更加丰富的知识理解线索。而那些辅助知识呈现、关联学习者已有经验或引发学习者进一步深化思考的信息，可以理解为搭建从显性知识到隐性知识的桥梁，联通彼此。无论是教材中的知识还是信息都需要借助信息技术呈现，并且信息技术的先进性和多样性还可以提供更多的知识与信息的连接方式，更好地帮助学习者实现信息和知识之间的转化。唐·伊德在分析了大量的科学知识产生的过程后，指出"借助于新的成像技术，我们现在拥有了一种不同的人—技术—知识之间的关系，我称这种关系为诠释关系"①。在人和知识之间，一定要通过技术的手段才能形成关联。如果人类所掌握的知识不通过文字、图像、音频、视频等方式传递给学生，那么学习无法发生。从这个意义上说，信息技术的更新，让知识可以更好地展示，只有"让事物说话"才能让人们理解。因而，信息技术介入到教材中，采取音视频等多媒体的方式，并非仅仅是让学习更加有趣，还可以调动人参与的兴趣，更重要的意义在于，给知识展现提供了多种通道，让信息和知识之间的转化更灵活多样，也为学习者全方位建构对于知识的理解提供了帮助。唐·伊德认为"人—技术—知识"的关系，反过来就指向了人的具身和直觉，借助数字化信息技术，能让学生更好地实现知识的内化。

有不少研究支持数字技术对于人的高阶复杂思维的正面影响②，但在数字教材的构建中绝不能滥用数字信息技术。数字信息技术的使用，务必有明确的使用目的，并以相应的实证实验做支撑，帮助学习者针对学习的重难点分层次展开学习，让学习的程度与学生的兴趣和已有的思维程度紧密相连。比如，对于负数乘法的学习，有以下几个层次水平。水平1"计算"：知道法则"负负得正"，会用法则计算。水平2"了解直观原理"：通过直观方法，能体会到法则的合理性，了解为什么负负得正。水平3"推理论证"：通过推理，能证明法则。水平4"数学构造"：能体会数学构造的公理化方法。所有学生都需要达到水平1，会计算。大部分学生可能是水平2，纸质教材多年来都是

---

① 唐·伊德. 让事物"说话"：后现象学与技术科学[M]. 韩连庆, 译. 北京：北京大学出版社, 2008：77-78.
② 简婕. 支持高阶思维发展的数字化学习环境构建及其实证研究[D]. 沈阳：东北师范大学, 2011.

采用直观原理的方式介绍法则。但是，也有少数学生有能力进行水平 3 的学习，甚至有极个别的学生能体会水平 4。数字信息技术可以帮助有兴趣的学生更好地理解水平 3 和 4 的原理，但是要依据分层次的原则。毕竟教材的主要任务是帮助大多数学生达到一定程度的学习水平，只对有特殊需求的学生提供个性化的服务。

四、提升学习者数字信息技术应用能力

数字教材作为具有多种感知方式的学习资源还有另一层意思：虽然数字教材是个多媒体形式的负载了知识与大量相关信息的媒介，但是数字教材不应成为一个单向向学生灌输知识的机器。数字教材一方面要帮助学习者将教材中的知识内化，另一方面应致力于让学生借助数字教材的技术优势，将内化的知识以适当的形式进行表达。

在人类没有掌握文字的时候，听说是两项最重要的信息技术。在文字变为通用的信息技术的时候，读写变得和听说一样重要，甚至更重要。听说读写是 20 世纪各国教育目标都要求掌握的技能，在 21 世纪，使用一定的数字信息技术，并且利用数字信息技术去更好地呈现自己的思想也是必须掌握的技能。数字信息技术不仅能帮助学生更好地汲取知识，还很可能因为数字信息技术的运用而促进学习的发生。诚如语言的学习，听读是输入的过程，说写是输出的过程，两者不可偏废才能实现语言学习的目的——交流。我们熟知的语文学习方法中就有以读促写，意即通过大量的阅读，达到促进写作能力提高的目的。但是人们又发现，大量的阅读不一定必然促进写作。而当关注写的时候，会发生以写促读的现象——学生为了更好地表达自己的思想，一定要先吸收他人思想的精华，有意识地去选择阅读的内容，努力研究已有文本的写法。所以有时候，以写促读更有效。在数字教材中对于数字技术的运用有类似的原理。当学生接受的是多媒体的知识内容，他们会想要用相似的信息技术去表达。数字读写的研究者发现，有的学生在传统读写活动中表现得兴趣平平，也不善于写作。但是到了数字环境中，就非常乐于表达，而且能够更好地适应数字环境中的表达方式。更进一步，包括纸质读写和数码

读写等的多元读写方式，更能促进学生对于外部世界及自我价值观的建构。[①]比如时空思维对于地理和历史学科有重要的意义，是这两个学科着重关注的学科核心素养。如果只用文字、地图来呈现两个学科的内容，未免枯燥，并且很难动态表现地理和历史的变化。运用动画的表现形式，可以呈现人口增长的数字图表、地理样貌的变迁。反之，如果要求学生从填图、填表等静态知识输出的要求转变为展示一个动态作品，同样可以促进学生去搜集相关的信息，并进行重构，以很好地展示。

数字教材是一个资源中介。信息技术不仅要提升学生更恰当、更多元地表达知识和信息的能力，还要帮助学生将自己默会的知识借助信息技术良好地表达。当然，目前对于掌握哪些数字信息技术技能还没有明确的要求，但可以预见的是，在信息社会的当下，已经很难用20世纪的表达方式来展现内容、交流思想，数字信息技术已经渗透到生活和学习的诸多方面，在不远的未来，用更先进的信息技术去进行知识的输出、传播和创造是必然的。数字教材需要给学生提供必要的数字化表达工具，促进学生多元化的知识表达方式的形成，掌握利用数字信息技术表达思想和知识的技能。无论是知识与信息的多媒体方式输入，还是要求学生以多媒体方式输出，其目的都是为了让学生更好地内化他们对于知识的理解。

第三节　数字教材提升教师教的能力

教师与数字教材的关系非常独特，数字教材既是教师教学的基本材料、手段、媒介，也是教师自身成长的一个辅助工具。教师发展的主要内容是其教学水平的提升，而"吃透"教材、能够将教材合理地转化为教学的材料是其专业能力的体现。因而数字教材对于教师这个教材主体来说，提升其教的

[①] 盛静，牛瑞雪. 多元文化视域下中国青少年多元读写、话语与认同[M]. 重庆：重庆大学出版社，2017.

能力,一方面指帮助其实现更好的教学效果,另一方面,还意味着促使教师自身专业的成长。

一、提供学情判断、分析、评估系统

任何教学活动的开展均应以学情为起点,给学生提供其最近发展区内的材料,帮助他们搭建发展的阶梯。所谓"因材施教",教师务必要对"材"有准确的判断。信息社会让学生的学习起点大不相同,准确判断学生群体的学习状态并不容易。数字教材应该利用数字信息技术给教师提供学情判断的帮助。人们早就意识到,教师和学生对于数字教材的需求并不相同,很多研究者建议数字教材应该分为学生版和教师版。人教版初中《英语(新目标)》网络教材根据教师对于教材的需求已经做了相关尝试。表6-2显示的是该教材学生版和教师版在功能设置上的区别。

表6-2 人教版初中《英语(新目标)》网络教材学生版和教师版功能对照

功能	面向学生	面向教师
	学生版	教师版
动漫导入	●	●
听读	●	●
跟读自读	○	●
角色扮演、剧本扮演	○	●
结对练习(Pair Work)	○	●
口头回答	○	●
写作辅助	○	●
背诵辅助	○	●
活动与答案	●	●
语法提示、查询	○	●
词汇解释、查询	○	●
单元词汇	○	●
学习助手(标记、注释)	○	●

169

续表

功能	面向学生 学生版	面向教师 教师版
全文翻译	○	●
词汇游戏	○	●
阅读（文化拓展、同步阅读）	○	●
学习档案	○	●
教学活动——导入活动	×	●
教学活动——基础活动	×	●
教学活动——拓展活动	×	●
教学活动——拓展知识	×	●
教学活动——Fun Time	×	●
单元知识巩固与提高训练	×	●
单元练习册	×	●
单元评价手册	×	●
单元测试	×	●
成绩汇总	×	●
弱项强化	×	●
题目收藏	×	●
师生信息沟通系统	×	●
学习信息查阅系统	×	●
教学活动编辑系统	×	●

注：表中●表示该版本具备的内容或功能，○表示学生版的增强版可选择的增值服务内容或功能，×表示无该项内容或功能。

初中《英语（新目标）》网络教材在设计方面强调了数字教材的互联网特性。除了数字教材本身包括的资源、工具，支持数字教材的独立使用外，还可以嵌入一个名为"英语Q学堂"的教学系统。系统中提供多种功能，能够支持学生与教师基于互联网的教学交互行为。例如学生使用网络教材完成作业的情况、学习进程等都可以在教师版网络教材中显示出来。"学习档案""单元评价手册""成绩汇总""师生信息沟通系统"以及"学习信息查阅系统"均为教师掌握必要的学情提供帮助。当然学情是不断发展变化的，当初这版英语网络教材虽然有意识地关注了搜集相关学情的功能，但是功能划分还不够清晰，对于学情的掌握、分析、评价做得还不到位。

在数字教材中可以安排课前测验或者其他任务式的作业，让学生通过数字教材终端完成，数据可以即时传到教师的数字教材中，让教师了解学生对将要学习的内容有哪些"前概念"，哪些共性问题，需要授课时格外关注。课堂教学时，通过布置课堂任务，让学生通过数字教材终端随时上传任务完成的情况，既可以做小组或全班性的展示，也可以即时反映学生对课堂知识的掌握情况，用数据反映这些任务完成的时间、正确比率等。阶段性的评测结果，也就是试卷分析，在学情判断中亦十分重要。但是在实际工作中，能够细心做深入的试卷分析的教师少而又少。上海市明确要求教师要对阶段性的试卷结果进行分析，但是有些学校和老师仍不够重视，或者只关注最高分、最低分和平均分，很难做到更加精细的分析。[1] 对于每道测试题的精细分析需要进行数理统计，但教师的工作比较繁重，很难手工完成。每道测试题背后对应的知识内容也需要细分、合并、分析，这些工作对于任何一个教师而言都不轻松。于是测验之后，大部分教师也就凭经验做出学情判断，按部就班地开展后续教学工作。而这样的数据统计分析工作，数字教材可以实现。目前有很多关于试卷组织和分析的应用软件。比如，一款名叫"魔力娃口算"的应用软件，在学生答题之后，可以即时判卷，错题一目了然，能列出每道题的作答时间，还可以将错题集结起来成为错题练习，用于下一次的巩固练习。类似的技术还有很多，数字教材可以适当选择，用以帮助教师对学生阶段性的学习效果做出准确、细致的判断，把测验结果与相应的知识教学连接起来，供教师做"有证据"的教学参考，或查缺补漏，或巩固提高。

类似的数据分析系统还可以用来判断学生的学习行为。比如图 6-3 是某英语数字教辅的后台基本数据，学生自主学习的时间，每个页面停留的时间，每道题的作答时间等均有数据记录。从图中可以看出，练习和闯关所占时长都比较长，说明学生进入应用后关注学习内容与练习，符合学生使用教辅的

---

[1] 上海市教育委员会教学研究室. 上海市中小学（幼儿园）课程与教学调研手册[M]. 北京：人民教育出版社，2017.

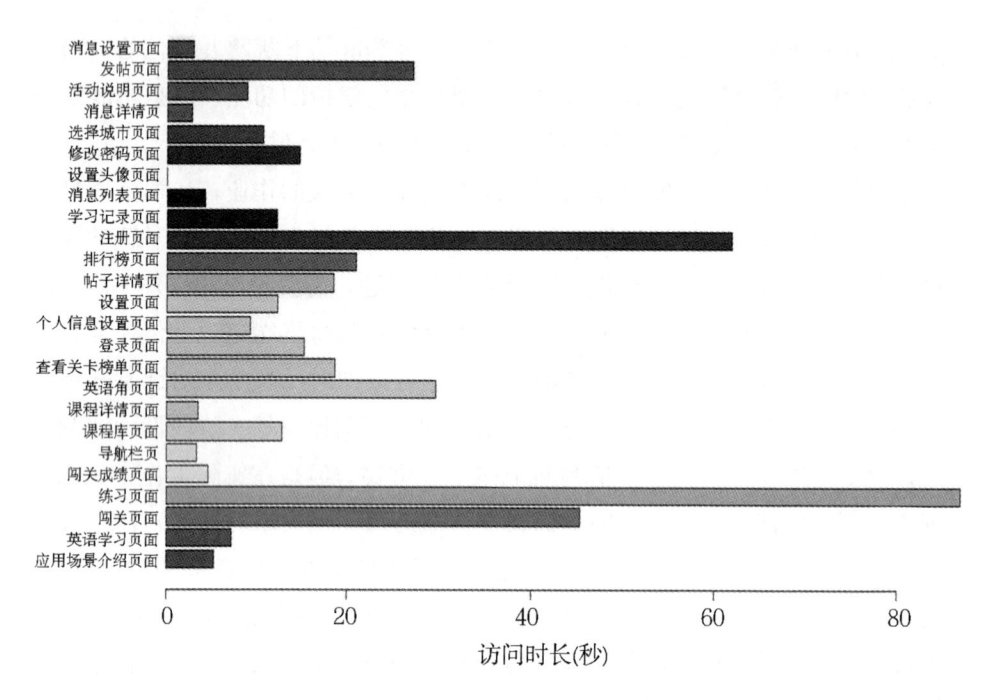

图 6-3　某英语数字教辅页面停留时间示意图

目的。进一步细化到对每道练习内容的数据分析，可以帮助教师进行初步的教学诊断。而对于共性的问题，可以进一步深入研究。

有了数据的呈现，配合丰富的教学经验，教师可以对学生的学习效果做出更好的甄别，进而提高教学的效率和针对性，而且还可以通过数字化终端，将数据及时反馈给学生甚至家长。数据的即时提供当然有赖于学生能够利用数字化的终端呈现作业、测评等，因而常用的数字信息技术技能是学生必须掌握的。长期的数据积累还可以帮助构建学生长期学习评价档案，也为教材的修订完善提供参考。数字教材要让教师从简单又繁重的劳动中解放出来，去做复杂的创新工作，降低学生重复低效的学习行为，开展更高效更有创新意义的学习活动。大量的教师和学生使用数字教材的数据也应由数字教材的后台回收，作为修订数字教材的重要参考。

二、提供可选择、可编辑的数字资源

灵动的课堂有赖于万千教学风格各异的教师。在数字信息技术大范围使用之前，教师常用的信息技术是语言、肢体和板书。数字信息技术让教师可以利用的技术更加多样。整合技术的学科教学知识（TPACK，Technological Pedagogical and Content Knowledge）由米什拉（Mishra）和柯勒（Koehler）在2006年提出，这个框架建立在舒尔曼的学科教学知识（PCK）之上，加入了（数字信息）技术知识，也说明了数字信息技术对于这个时代的教师而言，是教学工作必备的技能之一，它也直接影响教学知识和学科知识的运用效果。尤其当教师面临数字信息技术越来越多的数字化教学环境，能否迅速选择、编辑适合自己学生的数字资源就显得十分重要。

教师面对的教学情境千差万别，原来纸质教材能够提供的资源有限。比如在教学导入阶段，谈城市生活，会让农村的学生觉得不适应，谈农村的生活，也会让城市的学生觉得遥远。数字资源可以提供适合不同地域差异的资源。面对不同学习程度的学生，优质中学与一般中学或者边远地区的学生在知识的需求方面也不同，教师需要配备不同难易程度的学习资源。加上教师自己的教学风格不同，有的喜欢讲授，有的乐于组织探究活动，借助不同的数字资源，可以让教师自己的教学风格得到更好的发挥。前文曾提到教育部的英语"清零计划"。自身连英语听说读写都有困难的教师经过短暂的培训，配合上适当的数字资源，都可以让英语课堂活泼生动，学生学习兴趣高涨。数字资源还可以弥补教师自身能力的不足。

既然容量对于数字教材是个天然的优势，那么一定要为不同教学风格的教师提供更多的选择余地。通常丰富的教学资源并不直接嵌入数字教材中，会以相对独立的方式与数字教材配套，就像纸质教材配备教师用书一样。其实可以考虑将外部的备课资源进一步标引清楚，与数字教材内容结合得更加紧密，让教师可以在数字教材中通过搜索的方式，有效地找到同一内容不同类别的资源。数字教材还应为教师提供编辑数字资源的工具，让教师成为资源的主人，可以适度修改，这样才能最大限度地保证资源适合于每位教师、每个课堂。纸质资源虽然是固化的，但是却为教师自己开发教材留够了空间。数字资源虽然是动态的，却要避免做成完全封闭不可改变的资源。任何一个数字资源的提供者，都不能完全设身处地地为不同的教学情境配备合适的资源。资源一定需要经过某种编辑加工，变为教师使用得当的资源。教师自己要成为数字资源的建设者。

三、支持教研功能

研究教材是教师教研活动的重要内容，各个学校的教研室、备课组组织的集体备课、赛课评课等多种教研活动均是围绕教材开展的。数字教材的扩展功能中应包含必要的教研支持。纸质教材对教研活动的支持，仅局限于提供基本的文本材料。而数字教材可以将数字教材内容，教师教学参考建议，其他教师的教学设计、数字教学资源进行系统的整合和共享。教研信息也可以借助数字教材平台发布。所有的教研资源可以与数字教材内容建立关联。教师可以一边学习一边思考如何对数字教材内容进行深度开发。

现在很多教研工作已经开始借助数字信息技术加以开展，但是通常借助的是普通的即时交流工具，如微信群或者QQ群。这些交流工具虽然也可以实现资源共享，即时交流，但并非教研专用工具。交流较为随意散漫，无法根据主题进一步梳理。教研的精华和日常口语混为一谈，难以分辨。数字教材可以考虑研发专门的教研交流工具：能够屏蔽掉即时交流中意义不大的信息流，让教研的重点进一步突出；能够让数字资源或者教学案例与数字教材内容紧密关联，使用更加方便。数字教材作为教研的核心内容，可以整合、链接所有相关资源，承担更多的教研功能，让研究与教学结合得更紧密。数字教材的教研群体可以分层分类组建，可以支持组内、学校内、区域内的集体教研活动的开展。

学生使用数字教材的数据可以作为教研分析的重要参考，多方数据共享可以通过数字教材这个中介实现。目前关于数字化教研的前沿研究，如课堂教学数字化观测技术与教研的融合等①，均可以尝试与数字教材接驳。

传统上新教师专业成长的路径是选择一位师傅，以"传帮带"的方式变为成熟教师，新教师所在的教研组的研究氛围通常也对他们的成长有重要的影响。而借助数字教材提供的平台，新教师自我成长可用的资源就更多了，不仅可以跨越时空参与更广范围的教学研讨活动，获取更丰富的教研资料，而且自我成长的轨迹也可以得到记录。不断积累自己的教研经验，进行自我反思同样是教师专业成长的"利器"。

---

① 许厚笕. 基于课堂观测技术的数字化教研探究［J］. 教育信息技术，2014（4）：23-26.

第七章 数字教材发展展望

数字信息技术与教材的融合状态大致有三种。第一种是整合状态，这是融合的起步阶段。数字教材的研发人员主要为技术人员，根据既定的教材内容和已掌握的数字信息技术，进行内容的数字化转化。例如，数字化处理文字和图片、录制音频，录制基于内容范本的视频等，是数字技术加内容，是内容的数字化过程。这一阶段主要的关注点在于内容的转化，将内容先转化为数字化的形态，能够适配于数字化的仪器设备。整合也表明技术人员并非全然不顾内容与技术的适切度，机械相加，而是有一定选择地进行内容改造。

第二种状态可以称为融合，这是融合的成熟阶段。数字教材的研发人员是教学资源建设专家和技术专家的结合。他们已经不满足于现有的教材内容，而回归于课程标准的要求，充分考虑内容的目的指向性和技术的先进性，协商多种融合方案，择其优来做。进一步细分内容的目的，选择合适的技术来实现。比如，内容要引起学生的兴趣，可以选用活泼的动画形式；内容要系统传递信息，可以选用思维导图加文字表述；内容要激发学生深度思考，则构建研讨的平台；等等。深度融合是资源与技术不可分，脱离了好的技术表现则不是好的资源，而脱离了好的内容就是平庸的技术。或许技术不是最炫的，却是最适合当前内容的。融合的成熟阶段即是数字信息技术与教材内容的良好适切。

第三种状态称为创生，这是融合的未来阶段。数字技术与教材的融合并非是稳固不变的。适切只是相对的平衡阶段。数字技术在发展，教材内容也在变更，而二者的融合方式需要不断变化发展。技术的发展会让教材编制者发现，有更多的内容可以适合进入教材中。而内容的更新，会迫使技术更迭。这样将基于特定的技术创生出新的教材内容，基于新的教材内容创生出相应的数字技术。可以想见，未来数字教材的发展，一方面基于内容的变更，一方面基于技术的进步，还有一方面就是技术与内容融合的推动。共融共生是数字信息技术与数字教材的未来发展方向。

数字教材是数字信息技术与教材融合的系统教学资源，在整个教材发展过程中，可以将其视为一次优化教材系统资源的尝试，并且是采取最先进信息技术呈现的尝试。它的发展才刚刚起步，未来还有非常广阔的发展空间。由于研究精力所限，不能全面描绘其未来发展的前景，仅能截取一些零散问题来思考。技术的特性决定了其价值的二重性。本章所探讨的问题既有基于技术优势的，也有避免技术风险的。从这两方面讨论，也希望数字教材可以延续系统教学资源的本质并不断优化。建设更多更丰富的资源有利于为不同的教学方式提供资源支持，这是未来数字教材建设的主要任务。在突破学科框架上数字教材也大有可为。为学生提供个性化的学习配套资源是数字教材应坚持的努力方向，然而，课堂教学本身提供了群体学习的机会，并且这种机会可能在未来社会越来越难得，于是数字教材在如何提供群体性学习资源方面可以做更多的思考。最后，教材不应被看作是单方传输知识的输出一方，编制教材是为了让学生掌握知识和方法，并加以运用。教材必须提供给学生"施展才华"的空间，提供知识创生的出口。

第一节　整体技术优化

数字教材的"技术含量"很大，技术在教材中的重要性较之以往的纸质教材大得多。为了使教材主体更好地发展，技术应该不断优化，尽最大努力提升教材的质量，服务于主体教学活动。

一、数字技术优化的原则

在我国百余年教材发展过程中，教材从来都没有停止过自我完善。各种编写体例的调整、内容选用的斟酌、逻辑顺序的变更、栏目板块的设计、图文配合的探索，无不彰显教材积极变革、自我完善的历程。教材在整体育人目标的指引下，一直尝试在知识与中小学生的认知能力之间搭建阶梯，并促使学生通过这些阶梯获得与终身学习相伴的学习能力。纸质教材的容量有限，优化改进周期较长，并且较难突破学科框架的限制。而作为系统的资源，数字教材基于数字信息技术，在资源的丰富性、技术更新和系统融合上，随时处于动态更新的状态。

数字教材的独特属性是数字信息技术与教材原有属性的深度融合，集中体现在内容、结构和功能等方面的进一步优化。结合已有的实践经验，遵循教材发展的基本规律，笔者提出以下一些数字教材优化的基本原则。

（一）目的明确

目的性是数字教材优化要把握的首要准则。无论是技术、信息技术还是教材建设，目的性都是首要问题。目的性也决定了数字信息技术与教材系统融合的方向，避免一味追求新技术，脱离教材建设的初衷。数字教材构建和优化的目的性至少包括以下三个层面。

首先，要满足基础教育整体育人目标。基础教育课程从内容到形式都要服务于基础教育阶段的整体育人目标。数字教材是信息时代课程的物化表现，其构建、修订都要服从这个大的目标。2016年我国颁布了学生发展核心素养，它是未来一段时间我国基础教育育人目标的明确表述。究其内核，仍延续了全面发展育人目标，是在信息化时代根据国际形势和国内教育特点提出的整体育人目标。我国发布的学生发展核心素养涵盖文化基础、自主发展和社会参与3个方面，包括人文底蕴、科学精神、学会学习、健康生活、责任担当和实践创新6大素养，每个素养下分3个基本要点，共计18个要点。[①] 未来数字教材的建设和优化，务必时刻朝向培养学生核心素养的目标。

其次，满足学科课程标准要求。从教材诞生之日起，分科教材就是最重要的形式。时至今日，学科课程在世界范围仍是使用最广的课程形式。与学科课程配套的系统教学资源就是学科教材。学科课程标准是学科教材编写的依据。目前我国没有针对数字教材专门建立课程标准，依照教材审定制度，数字教材的编写也要依照和纸质教材一样的课程标准。课程标准对于学科课程目标、主要内容、教材编写、教学实施都给出了相关规定。因而，数字教材内容同样受制于课程标准的限定。数字教材的编制必须满足课程标准的要求。不同学科之间的差异较大，这也就意味着数字教材的优化要充分体现学科特性。比如，化学学科是基于实验的学科，那么对于化学数字教材而言，

---

① 中国学生发展核心素养课题组. 中国学生发展核心素养［Z］. 2016：10-12.

应加大力度在数字化实验资源的建设。数学是抽象思维培养的代表学科,加大辅助数学思维工具、建模工具等资源的建设十分必要。新一轮高中课程标准修订依照学生发展核心素养分学科明确了各学科核心素养的内涵指标。关注学科本质的相关研究,吸收关于学科核心素养的最新研究成果,这应是今后几年数字教材建设、改进的目标。

再次,以满足学生在不同年段的发展需求为目标。基础教育阶段的学生处于身心快速发展的阶段,每个年段学生的思维特征、能力特点有所不同。应进一步明确不同数字教材资源与学生能力发展的对照关系。比如,小学低年级学生抽象思维能力较弱,资源建设着重在趣味性、形象化等,应通过直观、生活化的资源帮助他们建立初步的学习经验。对于高中学生,就应避免数字资源幼稚化,应为他们更加复杂的思维品质培养提供结构模糊、情境复杂的资源,让学生充分调动所学,锻炼他们处理复杂问题的能力。

其实数字教材优化的目的性指向与纸质教材并没有太大的差异,整体育人目标、学科课程标准和学生发展需求是所有教材建设的目标所向。

(二)多路径选择

数字技术的应用使得同一内容可以有多种表现的方式。信息技术对于信息的承载能力越来越强,传播的速度也越来越快,这些都毋庸置疑。但是学习是一个人将知识内化的过程,是一个长时间的养成过程,也是思维方式的塑造过程。不难理解,对于知识的习得,并非呈现的信息越多越快就越有效。心理学上的相关研究不仅指出不同媒介传递信息的效果有所不同,也指出不同的人对于媒介表达的信息接收能力并不相同。拿儿童举例子,有的孩子对文字非常敏感,有的孩子对图画敏感,而有的孩子更愿意聆听。于是同一个儿童文学作品,有的以文字书的形式出版,有的以图画书的形式出版,还有的以音频的方式出版。虽然媒介承载的信息量不同,但因为媒介用途和人的特质差异,并非信息量大的媒介更具优势,因而我们也看到了媒介从图画到文字到影音图像,这些媒介不断在积累,并存,而非替代关系。对于教学而言,一个基本的出发点是需要尊重不同孩子不同的天性特征。事实证明学业水平高的学生也都拥有各自不同的学习策略。为不同的学生和老师提供不同的学习资源是数字教材未来优化发展的方向。只有"适宜"的才是最好的。老师可以根据自己的教学风格，选择合适的备课资源，学生可以根据自己的学习特点选择合适的自主学习资源。数字技术能够让媒介多种多样，让知识以各种面貌呈现。资源的多样性、可选择性为教学方式多样化提供了基础。师生有了采取不同路径获取知识的可能。

（三）实践反馈机制

教学实践反馈是优化数字教材最好的证据来源。在纸质教材编订过程中，一个重要环节就是不断听取一线教学的反馈意见，无论是以读者来信的方式、教材编写者到一线听课、座谈，还是采取大规模问卷调查等方式，搜集到的一线反馈信息都是进行教材修订的一手材料。数字教材可以回收、分析用户使用数据，更便捷、及时地发现资源中可能存在的问题，作出必要的修正。下面我们通过"人教口语"[①] 的数据反馈来看如何基于数据发现问题。图 7-1 是安卓（Android）用户一周人教口语产品页面的数据分布图。可以看出，用户启动产品后 50.1% 即半数以上的用户访问页面数超过 5 个，页面访问数的中位数是 5，说明多数用户访问 5 个左右的页面；图 7-2 是用户访问前 5 个页面的行为轨迹，图中标注了页面转化率和访问次数，例如访问第一页有 1578 次，其中 85.68% 会访问第二页；在用户访问的第一页中，有 1014 次访问了

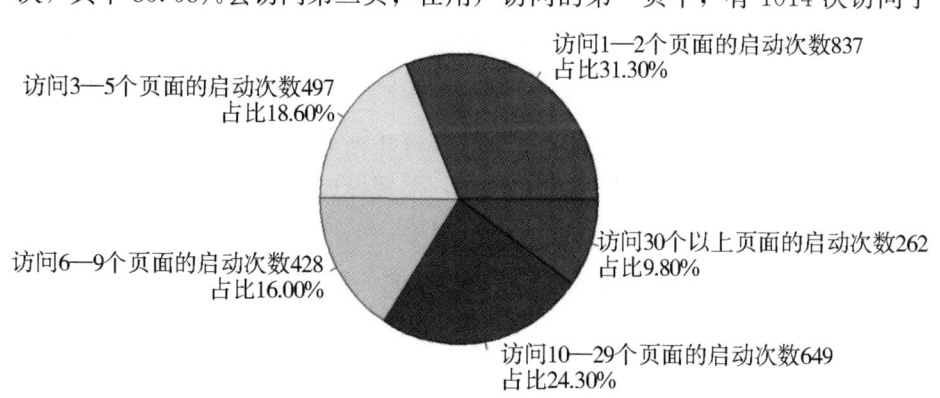

访问1—2个页面的启动次数837 占比31.30%
访问3—5个页面的启动次数497 占比18.60%
访问6—9个页面的启动次数428 占比16.00%
访问10—29个页面的启动次数649 占比24.30%
访问30个以上页面的启动次数262 占比9.80%

图 7-1　人教口语（安卓系统）一周页面启动次数示意图

---

① 人教口语是一款配合人教版初中英语教科书口语教学内容的扩展口语学习资源，也可以纳入本研究中"数字教材"的内涵。

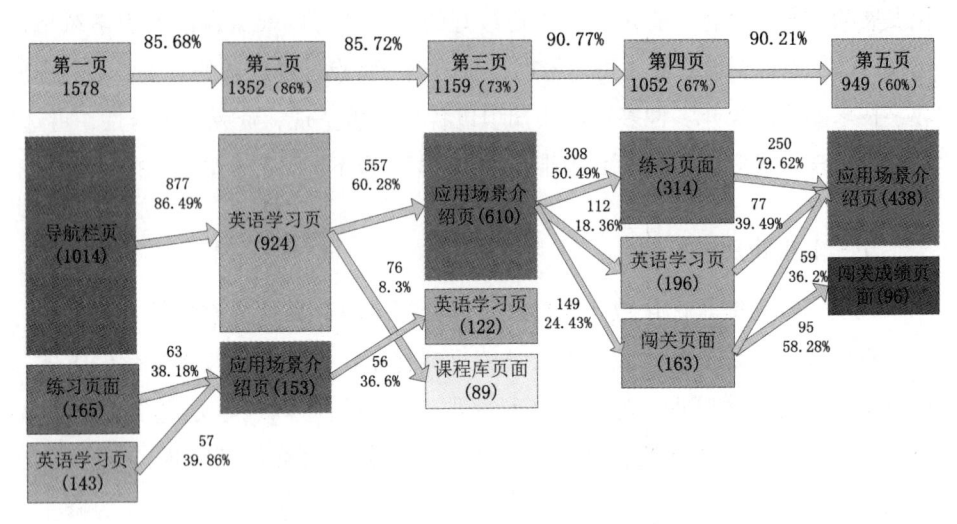

图 7-2　人教口语使用者行为轨迹示意图

导航栏页，而通过此页有 86.49% 下一次访问了英语学习页。英语学习和应用场景介绍交替出现，说明学生对产品内容比较感兴趣。

在人教口语后台设计中，还有用户反馈入口，可以搜集使用者对产品的意见与建议。资源开发者（产品经理）从后台的用户反馈中，发现使用者对于小学英语课程的需求，拟展开专门的需求调查，若条件满足则应启动相关资源开发以满足用户需求。但是针对使用者提出的加入翻译功能的需求，开发者认为人教口语是想为学生提供纯英文的学习环境，如果提供了中文翻译，很多同学会禁不住地想去看翻译，那样会破坏纯语言的学习氛围。从英文到翻译成中文进行理解，再进行中文回答，再翻译成英语反馈，这个过程增加了两次语言翻译的过程，在英文交流过程中，无形地增加了两次语言转换行为，既不利于英语交流，又不利于英语思维的训练与发展。①

---

① 图 7-1、图 7-2 由"人教口语"产品经理提供，对于需求分析所作出的决定，由访谈资料整理而成。

二、技术优化的实践举措

（一）资源维护、改进、管理

数字教材资源的维护意味着不断建设新的资源，同时还包括对过时资源的管理利用。数字资源的建设是个累积的过程。最初只是把纸质的教材做成PDF版的，很容易就实现了，量也不大，但是教学效果恐怕还不如纸质教材好。逐渐地，出现了教材相关资源的多媒体数字化改造，有文字、音频、视频、多媒体、动画、交互资源等。随着课程标准的不断修订，教材的更新换代是必然的。如果课程标准要求增加新的内容，那么教材就要作相应的资源扩展。例如2003年高中课程标准修订，物理学科新增了数字电路和传感器、相对论、热学的熵、量子力学的测不准关系等内容，教材必定要作补充。课程标准的修订大约10年开展一次，目前数字教材都是依据2000年前后的课标编制的，正面临修订的问题。课程标准的修订也可能删减一些内容或者调整教学顺序。对于纸质教材，删减很容易，但是数字教材就要面临资源的维护问题。一方面删减的内容相互间关联较为密切，不仅从教材中删除，还要从教师备课资源、学生自主学习资源及测评资源中删除。而暂时删除的资源还要妥善保存，因为数字资源的建设投入很大，如果下次课标又恢复相关内容，还可以适当修改再做利用，避免浪费。或者有的资源课程标准不要求，但是教材编者认为对于学生掌握某种知识技能非常必要，可以改造后放到扩展资源中去。

资源的改进也是数字教材的常态工作之一，要不断去除资源中的错误信息和冗余信息。教材对科学性要求很高，而数字资源因为负载的信息量很大，要保证所有信息的准确性和有效性有一定的难度。不过，及时吸纳使用者的反馈，能够帮助数字教材不断提升科学性。资源的改进还包括提升资源的艺术表现力。纸质教材讲究图文配合，图的配色、线条和文字搭配的比例等，这些艺术性特征能够增强美感，让使用者获得更好的信息交流体验。数字教材资源同样可以在艺术性上不断追求完美。蕴含在数字教材中的美感元素也是隐性的课程资源。为同一内容提供不同形式的数字资源也是资源改进的应有之义。只有形式足够丰富，才可以给使用者更多的选择，为师生提供更加灵活的课堂教学形式。

某数字教材资源仅 2016 年的资源建设量如表 7-1 所示，而资源的建设还在持续中。

表 7-1　某数字教材资源 2016 年数量统计

资源	文本	视频	动画	图片	音频	字库	词典	其他
数量	1177	656	4187	1528	2276	1	5	1470

总之，数字资源改造的空间远比纸质教材要大。不断增加、修正、优化资源形态是数字教材发展中的必要工作。不过庞大的资源量容易让使用者迷失，他们需要花费更多的时间去了解和掌握这些资源的使用。因而，资源管理应与资源建设配套进行。如何标记资源，如何给资源分类，如何让教师能迅速找到和掌握相关资源是数字教材今后建设必须要思考的问题。

（二）技术迭代、创新

数字信息技术变化多端，并不是功能稳定的技术，它将技术的复杂多变性发挥到了极致。比较而言印刷术是个稳定的技术，虽然也历经了迭代的过程，但是并未改变它的基本功能。雕版印刷、活字印刷到铅字印刷，我们得到的都是文字、图像等平面信息。但是数字信息技术的功能并不透明，它可以做什么没有确定性，并且它更新换代的速度是之前任何技术都不能比拟的。基于数字信息技术的数字教材只能紧跟数字信息技术变更的步伐。人教第二代数字教材刚刚完成一次技术的更新。之前教材资源中有很多 Flash 动画，它们包含丰富的声音、图片、视频，并允许用户使用键盘或鼠标进行交互，在场景呈现、实验演示等教学活动中发挥着重要的作用。然而，随着移动互联时代的到来，Flash 技术本身的跨平台、交互性等限制愈发明显，因此也就制约了基于 Flash 技术开发的资源在移动终端中的使用。一项新的技术 HTML5 拥有跨平台、音视频技术、交互性等优势，在大部分网站、APP、移动平台等相关领域迅速普及。该数字教材研发团队决定使用 HTML5 代替 Flash，并对之前的数字资源作相应改造。转换的过程包括针对不同 Flash 资源选择不同的转换工具，并且几乎所有的转换必须有人工干预才能完成。转换之后经过一段时间的测试最终提供用户使用。虽然技术迭代所需的人力、时间和资金成本可观，不过技术迭代确实带来了更好的使用效果。借此数字教材所占的存储空间大大缩减，而与平台、终端的适配效果获得大幅度提升。迭代是数字信息技术的常态。

数字信息技术与教材的融合还表现为一些教材专有的数字信息技术的产生。比如数学中给老师用的几何画板，英语教材中的语音识别和检测技术，化学中的模拟实验装置。这些学科教学专用的工具，是基于已有的技术进行了适合教学环境的改造，也算是教学的专用信息技术。也早有信息技术专家预言，可穿戴技术、VR技术、3D打印技术会在不久的将来进入课堂。新技术的采纳以能否解决教学中的问题为取舍标准，并非越新的技术越适合教学。一般新技术的发展趋向都是让事物简单化、明了化，让人们进行傻瓜式的操作。比如摄影技术，可帮助缺少绘画技能的人用图像来表达意蕴。在完全手动对焦的技术时代，摄影当然还是专业人士的专利；但数字信息技术让摄影逐渐成为傻瓜技术，只需一按快门，一切指标都达到标准化。摄影让普通人随心所欲，再加上后期制作的滤镜等各种效果，普通人手中呈现出摄影大片也易如反掌。技术让结果变得越来越好，但操作者却变得越来越"傻"。显然，教育技术并不希望人越来越傻。教育中的数字信息技术应该是能够刺激人开展深度思维活动的技术。外部新的数字信息技术务必要经过改造才能发挥其对于教学的最大功效。

过度数字化也是未来数字教材建设中应努力避免的问题。教学是个生态工程，人、空间、时间、实物、书籍还有数字化的资源都是这个系统中的要素。媒介即信息，每种媒介表达的信息都不同。数字信息技术将那些可以显现的信息呈现出来，但同时它并不是万能的。学生通过教学活动提升自己，了解外部世界。学习不仅是知的过程，也是行的过程。成人都容易沉湎于网络虚拟世界，更不要说自律性较差的未成年人。借用信息化的手段提供给学生用其他方式不可得的资源，但不要试图将所有的东西都做数字化的处理。数字教材可以更加丰富和提升教材的功能，但是数字技术更多的是模拟现实。纸质教材本已是对现实世界的抽象、概括和精心梳理，将内容进一步数字化，意味着将现实世界再次编码，将本已符号化的事实进一步做了数字化的处理。这里笔者想强调数字教材的编制要意识到过度数字化的危机。很多学生可以直接接触到的事物，不一定要做数字化的处理。比如，图形、立体模型、实验用具，都需要保留作为数字教材的配套用具。数字教材的编制也要注意与更多的实物媒介达成互补共生的关系，不应唯数字化的处理独尊。要保留真实的学习空间，真实的人际交往情境。虽然本研究没有过多的精力分析过度数字化的弊端，但是也意识到数字信息技术和其他技术一样具有二重性，应有目的地利用它的优势，尽力避免它的劣势。

（三）系统融合

随着技术迭代、系统升级等技术变革，教材资源之间的系统性适配将是资源维护的持续工作。任何新的信息技术的采纳都会引发技术之间的协调融合问题。最精明的技术工程师也无法避免技术革新带来的挑战。所以没有一种技术方案能够持久。整个系统资源永远处于不断测试、修正的过程中。曾有人预言数字教材的成本要比纸质教材低，这个判断恐怕只是在 PDF 版数字教材的短暂阶段适用。技术更新的成本远比人们之前预期的要大得多。系统性是现代技术的一个基本属性。没有一项技术是单纯的，每项技术都是由若干技术组成的系统技术。任何一项新技术的引进，都会给更大范围的技术集合带来"麻烦"。而系统的升级也迫使相应技术做出升级。数字教材涉及的外部技术系统也很复杂。就终端而言，市面上多种系统、型号规格的手持终端，数字教材的系统都要能够配合使用。就平台而言，各地教育局也都建立了自己区域的学习平台、学习空间等。一套纸质的教材，拿起来就能走，翻开就能用。但是若是数字教材的系统融合出现问题，那么即使能看见教材，也不能使用。数字教材与数字信息技术紧密捆绑，牵一发而动全身。数字教材在内容与技术捆绑的过程中，多少都会出现被技术牵引的问题。纵观人类文明的传承过程，也不难发现文明与技术相互选择的过程。回顾以纸本和印刷术为主要信息媒介的时代，我们会发现科学技术在飞速发展，而其他一些文化领域渐趋没落。数字教材要与整个教育系统相融，而教育系统又要与整个社会系统相适应。人们需要对技术保持适度的警惕。当然，也需相信每个时代都有每个时代遏制弊端的方法。技术的自主性仍是有限的自主性,其目的性应该处于人类理性的控制范围内。

第二节 构建群体合作学习资源

一、跨学科合作学习资源

21世纪前后,世界各国都开始思索未来教育的发展方向。核心素养研究是人们给出的未来人才培养目标。我国研制的核心素养指标体系,其指向是跨学科的、综合的能力。核心素养是可学可教的能力,在学生发展的不同年段有不同的表现标准。核心素养的培养在很大程度上仍然要依靠学科课程,围绕学科核心素养来考虑课程的构建和实施,但同时创设跨学科主题课程也是必不可少的。毕竟跨学科主题课程能创造更多让学生锻炼融会贯通能力的情境。数字教材在跨学科主题课程中可以借助信息技术和大容量的资源优势一显身手。

所谓跨学科主题课程,在国际上已有相当多的实践。苏格兰在其卓越课程(Curriculum for Excellence)中提出跨学科主题学习。致力于让学生在关联和使用不同学科的知识解决跨学科问题过程中,增进其对各学科知识的理解。卓越课程涵盖八大课程领域——艺术、健康与幸福、语言、数学、宗教与道德、科学、社会学和技术,围绕三大主题——可持续发展、世界公民、企业与创业教育开展。[①] 跨学科主题学习的确定,通常密切联系国际及区域发展的重大问题或重大事件。例如,美国21世纪学习联盟确定的跨学科主题包

---

① The Scottish Government. Building the Curriculum [EB/OL]. [2022-03-18]. http://www.educationscotland.gov.uk/learningandteaching/thecurriculum/howisthecurriculumorganised/interdisciplinarylearning/index.asp.

括全球意识、财经及商业素养、公民素养、健康素养、环保素养。① STEM课程（科学、技术、工程、数学）是目前很多国家都热衷于开设的跨学科课程，后又延展为STEAM课程（科学、技术、工程、艺术、数学）。我国国内也出现了很多STEAM课程探索，如北京十一学校基于3D技术的STEAM课程，101中学基于通用技术的跨学科课程，还有清华附中STEAM课程探索。这些跨学科课程突破了文理科的界限，着眼于大视野、运用先进的技术，给学生提出复杂问题的挑战。这些学习内容，不仅要求有一定的知识技能基础，更需要学生基于项目的要求，自主学习很多必要的知识，调动人力、物力资源去创造性地解决问题。STEAM项目课程中还涵盖了浓浓的技术迭代理念，让学生不断去修正已获得的成果。而这些成果不仅是基于认知的，还是指向能力和人格建构的。

人教社在尝试研发一套基于3D打印技术的STEAM课程数字教材。该数字教材采用主题活动的形式设计STEAM课程，每个主题中将适合学生学习的科学知识、工程、技术以及中国传统文化等元素融合在一起，组成一个综合性的主题活动。每个主题以完成一个或多个科技制作模型为目标，将其原理、设计、制作、文化背景等知识、技能贯穿在一起，并为学生留有一定的自主发挥空间，培养学生的创新能力。3D打印技术可为制作模型提供必要资源，学生通过3D建模、3D打印实现目标模型中的各种部件、素材的制作。

跨学科课程基本都以项目制的学习方式为主，强调团队合作。其学习组织形式与常态的班级授课制大有区别。不能统一进度，以自主性学习为主，教师只为学生提供思维线索或必要的资源支持。与这类课程匹配的教材通常是模块化的资源包，内容要足够丰富，并且提供不同路径的学习资源关联，根据项目开展的进度随时补充学习资源。纸质教材难以胜任，而数字教材恰好能够发挥所长。

---

① Partnership for 21st Century Learning（P21）. Framework for 21st Century Learning[EB/OL]. [2022-03-18]. http://www. p21. org/storage/documents/docs/P21_Framework_Definitions_New_Logo_2015. pdf.

二、为群体学习提供支持

数字教材虽然可以为个性化学习提供更多的支持，但就其存在的目的而言是为保证和提高基础教育整体质量。针对我国的国情，基础教育仍是以班级授课制为主要的课堂教学组织形式。教学过程并非是一对一的指导学习，而是由教师带领学生群体进行学习。师生之间、生生之间以教学目标为导向，以多种形式互动交流，构成课堂教学活动。曾有人批评我们的课堂是教师一言堂，大部分学生只能聆听。虽然积极聆听也是一种有效的互动方式，但更多的课堂参与形式，无疑会提升学生的学习效果。数字教材中的信息技术不应只在以多种方式传递信息上做文章，而应构建更多的让课堂主体参与课堂活动的机会。遗憾的是，目前数字教材的资源建设，大部分仍是以单项的信息传递为主。而交互的活动设计也基本以人机交互为主。人机的简单交互并非就意味着自主学习的发生。在人际关系日渐疏离的信息社会，课堂群体学习对青少年而言是难得的同辈群体交流的机会。为了将共同学习引向深入，数字教材应有利于提高所有教学主体的参与度。数字教材可以为某一教学内容开设特定情境，增加教师和学生学习过程的真实感、趣味性。能够支持师生创生的某种情境，为他们提供时间、地点、参与者等多种情境状态的组合。数字教材必须为师生、生生的集体学习更多地考虑。在学生未来的学习生涯中，个人的学习可以随时展开，而面对面的集体性的学习变得难能可贵，教室成为真实时空中集体学习的主要场所，不可浪费集体学习的宝贵机会。数字教材应该为人与人的直接交流提供更好的支持，而不应在课堂学习的宝贵时间、空间里用技术设备把聚在一起的人割裂开来。数字教材要为学习者们提供更有挑战性的复杂问题情境，或者设计需要集体智慧完成的复杂项目，让人与人之间增加信任、理解和帮助。提高师生对于教材内容的共同参与度，保持教师、学生和教材之间的多维互动，才能保证因材施教，避免课堂同一化。[①]

[①] 牛瑞雪，王本陆. 信息时代重新思考教科书 [J]. 内蒙古民族大学学报（社会科学版），2016（5）：108-114.

第三节 提供知识创生出口

数字教材所拥有的数字信息技术是目前人类所掌握的高端信息技术。通过这种技术来感受知识不同的呈现方式，利用技术工具经历不同于以往的学习过程，这些都是目前数字教材能够提供的资源和技术支持。但对于整个学习过程来说，还缺少了知识创生的出口。当外部知识通过信息化的手段更有效地成为学习者自身知识的一部分，这只完成了学习活动的一半。另一半是学习者能够用恰当的方式方法，把自己所学的知识展现出来，或者更高层次地，他可以利用更好的方式创造新的知识。外显的知识变为隐性知识，但是知识要想获得创新还需要再以个人的方式呈现出来，与其他人共享，给他人启发。目前的数字教材建设在知识如何更好地被主体接受方面做了很多工作，大部分的资源建设也致力于此。但教会学生如何去利用信息技术表达、创生知识，同样是数字教材应该考虑的。

我们生长在印刷品主宰的时代，少有人会用笔墨纸砚承载文言文语体去交流。未来的学生生长在信息表现形式丰富的信息社会，仍要他们以单一的文字去表达自己的思想吗？"科学知识只有通过技术为中介，它们对于我们来说才是可能的。"[①] 唐·伊德的后现象学与技术科学的研究提示我们，"具身"是人类参与世界的方式，所有的活动都自觉或不自觉地包含了对技术的应用。通过数字教材学习，这一人造物融入了学生对事物的认知甚至身体体验中，也必将影响到他们产出自己认知的方式。胡塞尔提到过，书面文字如何转化了我们对于意义的理解。如果让学生利用数字教材来学习，那么我们希望他们如何表达自己的认知？

数字教材有责任让学生学习更多的数字信息交流技术，而不仅仅局限于

---

① 唐·伊德. 让事物"说话"：后现象学与技术科学 [M]. 韩连庆, 译. 北京：北京大学出版社，2008：77-78.

简单的指尖操作。韩国、日本、新加坡在小学教育阶段就已经开设了专门的新技术课程。数字信息技术就像读写算这些 20 世纪必备的信息交流技能一样，应成为 21 世纪人才的必备技能。新读写理论关注到读写内容的多样性和读写形式的多模态化对于表达和促进个体展示以及价值认同的重要作用。多元读写理论倡导包括数码读写在内的多种形态的读写表达方式，它十分强调"作者"对于交流具体情境的感知——利用不同的工具、面对不同的读者和环境，写作的方式是不一样的。① 当我们利用信息技术改变了以单一文本为主的信息表达方式，让学生感受的知识不仅是文字，还有图片、视频、交互动画、数据模型等，也要让学生学会使用这些工具去表达自己的所学、所感。没有人希望数字教材成为借助数字信息技术向学生"灌输"知识的机器。那么未来数字教材的构建中，应涉及如何让学生学会全方位地表达自己的知识、技能和思想状态，为学生提供知识创生的出口。

---

① 盛静. 核心素养视野下多元读写促进价值认同的理论与实践［J］. 课程·教材·教法，2017（1）：28-33.

参考文献

中文著作：

阿兰·柯林斯，理查德·哈尔弗森. 技术时代重新思考教育：数字革命与美国的学校教育［M］. 陈家刚，程佳铭，译. 上海：华东师范大学出版社，2013.

埃米尔·迪尔凯姆. 社会学方法的规则［M］. 胡伟，译. 北京：华夏出版社，1999.

艾薇儿·拉夫莱斯. 教育技术与课堂教学［M］. 宋旸，译. 北京：北京师范大学出版社，2006.

陈昌曙. 技术哲学引论［M］. 北京：科学出版社，1999.

陈其荣. 当代科学技术哲学导论［M］. 上海：复旦大学出版社，2006.

陈琦，刘儒德. 信息技术教育应用［M］. 北京：人民邮电出版社，1997.

陈青之. 中国教育史［M］. 北京：商务印书馆，1936.

陈侠. 近代中国小学课程演变史［M］. 福州：福建教育出版社，2007.

陈侠. 课程论［M］. 北京：人民教育出版社，1989.

丛立新. 课程论问题［M］. 北京：教育科学出版社，2000.

戴维·H. 乔纳森. 学习环境的理论基础［M］. 郑太年，等，译. 上海：华东师范大学出版社，2002.

F. 拉普. 技术哲学导论［M］. 刘武，等，译. 沈阳：辽宁科学技术出版社，1986.

范慕韩. 中国印刷近代史［M］. 北京：印刷工业出版社，1995.

范兆雄. 课程资源论［M］. 北京：中国社会科学出版社，2002.

冯友兰. 中国哲学简史［M］. 北京：北京大学出版社，2010.

冯友兰. 中国哲学史［M］. 北京：中华书局，1984.

弗·兹纳涅茨基. 知识人的社会角色. 郏斌祥，译. 南京：译林出版社，2000.

顾明远. 教育大辞典（增订合编本）［M］. 上海：上海教育出版社，1998.

顾明远. 教育技术［M］. 北京：高等教育出版社，2002.

规划编制专家组. 《教育信息化十年发展规划（2011—2020年）》解读［M］. 北京：人民教育出版社，2012.

郭冲辰. 技术异化论［M］. 沈阳：东北大学出版社，2004.

郭贵春，成素梅. 科学技术哲学概论［M］. 北京：北京师范大学出版社，2006.

何克抗. 教育技术学［M］. 北京：北京师范大学出版社，2002.

何克抗，吴娟. 信息技术与课程整合［M］. 北京：高等教育出版社，2007.

何新. 中外文化知识辞典［M］. 哈尔滨：黑龙江人民出版社，1989.

和学新，徐文彬. 教育研究方法［M］. 北京：北京师范大学出版社，2015.

黄荣怀. 信息技术与教育［M］. 北京：北京师范大学出版社，2008.

姜振寰，孟庆伟，谢咏梅，黄丽华. 科学技术哲学［M］. 哈尔滨：哈尔滨工业大学出版社，2002.

姜振寰. 技术哲学概论［M］. 北京：人民出版社，2009.

杰里米·里夫金. 第三次工业革命［M］. 张体伟，孙豫宁，译. 北京：中信出版社，2012.

卡尔·米切姆. 技术哲学概论［M］. 殷登祥，曹南燕，等，译. 天津：天津科学技术出版社，1999.

克拉耶夫斯基. 普通中等教育内容的理论基础［M］. 金世柏，等，译. 北京：人民教育出版社，1989.

课程教材研究所. 20世纪中国中小学课程标准·教学大纲汇编·物理卷

［C］．北京：人民教育出版社，2001．

课程教材研究所．新中国中小学教材建设史 1949—2000 研究丛书·出版管理卷［M］．北京：人民教育出版社，2010．

课程教材研究所．新中国中小学教材建设史 1949—2000 研究丛书·总论卷［M］．北京：人民教育出版社，2010．

拉尔夫·泰勒．课程与教学的基本原理［M］．施良方，译．北京：人民教育出版社，1994．

李芒．教育技术学导论［M］．北京：北京大学出版社，2009．

廖哲勋．课程学［M］．武汉：华中师范大学出版社，1991．

马歇尔·麦克卢汉．理解媒介：论人的延伸［M］．何道宽，译．南京：译林出版社，2011．

M．阿普尔，L．克丽斯蒂安-史密斯．教科书政治学［C］．侯定凯，译．上海：华东师范大学出版社，2005．

迈克尔·W．阿普尔．教育与权力［M］．曲囡囡，等，译．上海：华东师范大学出版社，2008．

曼弗雷德·施皮茨尔．数字痴呆化：数字化的社会如何扼杀现代人的脑力［M］．王羽桐，译．北京：北京时代华文书局，2014．

毛礼锐，沈灌群．中国教育通史·第一卷［M］．济南：山东教育出版社，2005．

尼古拉斯·尼葛洛庞帝．数字化生存［M］．胡泳，范海燕，译．海口：海南出版社，1997．

裴娣娜．教育研究方法导论［M］．合肥：安徽教育出版社，2000．

皮埃尔·布迪厄，华康德．实践与反思——反思社会学导引［M］．李猛，李康，译．北京：中央编译出版社，1998．

皮连生．学与教的心理学［M］．上海：华东师范大学出版社，1999．

钱存训．书于竹帛——中国古代的文字记录［M］．上海：上海世纪出版集团，2006．

乔治·巴萨拉．技术发展简史［M］．周光发，译．上海：复旦大学出版社，2000．

全美教师教育学院协会创新与技术委员会. 整合技术的学科教学知识：教育者的手册［M］. 任友群，詹艺，译. 北京：教育科学出版社，2011.

单美贤. 论教育场中的技术［M］. 北京：教育科学出版社，2011.

上海市教育委员会教学研究室. 上海市中小学（幼儿园）课程与教学调研手册［M］. 北京：人民教育出版社，2017.

盛静，牛瑞雪. 多元文化视域下中国青少年多元读写、话语与认同［M］. 重庆：重庆大学出版社，2017.

施良方. 课程理论——课程的基础、原理与问题［M］. 北京：教育科学出版社，1996.

数字教材与电子书包发展研究项目组. 中国基础教育数字教材与电子书包发展研究报告［M］. 北京：人民教育出版社，2017.

宋希仁，陈劳志，赵仁光，等. 伦理学大辞典［M］. 长春：吉林人民出版社，1989.

孙智昌. 主体相关性：教科书设计的基本原理［M］. 北京：教育科学出版社，2011.

唐·伊德. 让事物"说话"：后现象学与技术科学［M］. 韩连庆，译. 北京：北京大学出版社，2008.

王本陆. 教育崇善论［M］. 广州：广东教育出版社，2001.

王本陆. 现代教学理论：探索与争鸣［M］. 合肥：安徽教育出版社，2017.

王策三. 教学论稿［M］. 北京：人民教育出版社，2005.

王策三. 教学认识论［M］. 北京：北京师范大学出版社，2002.

王道俊，郭文安. 主体教育论［M］. 北京：人民教育出版社，2005.

王永红. 到学校去读书［M］. 杭州：浙江教育出版社，2012.

王玉樑，岩崎允胤. 中日价值哲学新论［M］. 西安：陕西人民教育出版社，1994.

威廉姆·H. 凡登伯格. 生活在技术迷宫中［M］. 尹文娟，陈凡，译. 沈阳：辽宁人民出版社，2015.

许良. 技术哲学［M］. 上海：复旦大学出版社，2005.

颜士刚. 教育技术哲学 [M]. 北京：中国社会科学出版社，2015.

约瑟夫·C. 皮特. 技术思考——技术哲学的基础 [M]. 马会端，陈凡，译. 沈阳：辽宁人民出版社，2012.

曾天山. 教材论 [M]. 南昌：江西教育出版社，1997.

詹姆斯·格雷克. 信息简史 [M]. 高博，译. 北京：人民邮电出版社，2013.

张舜徽. 清人笔记条辨 [M]. 北京：中华书局，1986.

中华人民共和国教育部. 普通高中地理课程标准（实验）[S]. 北京：人民教育出版社，2003.

中华人民共和国教育部. 普通高中历史课程标准（实验）[S]. 北京：人民教育出版社，2003.

中共中央马克思恩格斯列宁斯大林著作编译局. 马克思恩格斯全集·第46卷（上）[M]. 北京：人民出版社，1979.

中共中央马克思恩格斯列宁斯大林著作编译局. 马克思恩格斯选集·第1卷 [M]. 北京：人民出版社，1972.

钟启泉. 课程与教学概论 [M]. 上海：华东师范大学出版社，2006.

祝智庭. 信息教育展望 [M]. 上海：华东师范大学出版社，2002.

中文期刊：

毕海滨，王安琳. 数字教材的特征分析及其功能设计 [J]. 科技与出版，2012（7）：13-15.

陈桄，龚朝花，黄荣怀. 电子教材：概念、功能与关键技术问题 [J]. 开放教育研究，2012（2）：28-32.

单美贤，李艺. 教育中技术的本质探讨 [J]. 教育研究，2008（5）：51-55.

邓文虹. 电子教材研发的思考与实践——以人教版电子教材的研发为例 [J]. 课程·教材·教法，2011（12）：32-36.

董剑桥，陆云云. 论信息技术对教材改革的影响 [J]. 教育发展研究，2002（3）：79-81.

段渭军，房国栋，姜丽. 多媒体教材创作中的审美内涵及把握［J］. 中国教育技术装备，2007（4）：29-31.

高路. 我国第一代电子教材——人教电子教科书问世［J］. 课程·教材·教法，2002（5）：40.

高晓晶，肖丽. 文本在多媒体教材中呈现规律的探讨［J］. 信息技术教育，2007（2）：62-63.

高晓晶，游泽清. 注意稳定性在多媒体教材制作中的应用［J］. 现代教育技术，2007（2）：36-38.

葛春，夏正宝. 课程知识社会学分析范式书评［J］. 全球教育展望，2007（4）：36-38.

龚朝花，陈桄. 电子教材：产生、发展及其研究的关键问题［J］. 中国电化教育，2012（9）：89-94.

顾东蕾. 论学科知识网络的理论基础［J］. 图书情报工作，2008（9）：32-35，73.

顾小清，傅伟，齐贵超. 连接阅读与学习：电子课本的信息模型设计［J］. 华东师范大学学报（自然科学版），2012（2）：81-90.

顾小清，朱元锟. 教育用户对技术产品的接受度研究：师生群体的差异及其相互影响［J］. 电化教育研究，2012（8）：21-27.

郭冲辰，陈凡. 技术异化的价值观审视［J］. 科学技术与辩证法，2002（1）：1-5.

郭文革. 教育的"技术"发展史［J］. 北京大学教育评论，2011（3）：137-157，192.

国家教育发展研究中心专题组. 迈向全纳、公平、有质量的教育和全民终身学习——《教育2030行动框架》之总体目标和策略方法［J］. 世界教育信息，2016（1）：12-15.

何玲，黎加厚. 促进学生深度学习［J］. 现代教学，2005（5）：29-30.

胡海. 浅谈多媒体教材中的视频运用［J］. 时代教育（教育教学版），2009（3）：5-6.

胡畔，王冬青，许骏，等. 数字教材的形态特征与功能模型［J］. 现代远程教育研究，2014（2）：93-98，106.

黄荣怀，张晓英，陈桄，等. 面向信息化学习方式的电子教材设计与开发［J］. 开放教育研究，2012（3）：27-33.

黄永华. 基于"交际化、任务型、自主学习和合作探究"教育理念的数字教材研发与设计——兼谈湘教版小学英语数字教材的理念与模块功能［J］. 中国信息技术教育，2014（7）：99-104.

金振坤. 对开发多媒体教材的思考［J］. 外语电化教学，1995（3）：25-27.

康合太，沙沙. 数字教材建设的探索与实践——以第二代"人教数字教材"为例［J］. 中国电化教育，2014（11）：80-84，100.

李嘉喜. 正确适度应用多媒体技术推动小学语文教学改革［J］. 中国教育技术装备，2012（7）：84.

李丽. 多媒体教材中音乐的选配［J］. 中国电化教育，2001（11）：43-45.

李林，王冬，覃文圣，等. 论电子教材取代纸质教材发展趋势的必然性［J］. 中国信息界，2011（5）：42-44.

李世明. 网络教材的设计和开发［J］. 科技信息（科学教研），2007（33）：491，505.

李学杰. 运用注意理论指导多媒体教材画面设计［J］. 中国教育信息化，2011（12）：59-61.

林君芬，李慧勤，黄海晖. 交互式数字教材：数字化教学资源的新形式［J］. 教育信息技术，2013（6）：3-7.

林琳，王朋娇. 美国精品电子书对我国电子教材设计制作的启示［J］. 中国信息技术教育，2014（17）：100-102.

刘春林. 美国数字教科书出版概览（上）——数字教科书挑战美国K12学校［J］. 中小学信息技术教育，2013（5）：81-83.

刘翠航. 美中小学电子教科书的使用现状分析——加利福尼亚州电子教科书政策引发的争议［J］. 课程·教材·教法，2011（4）：104-106.

吕永林. 关于网络教材设计的几点思考［J］. 中国电化教育，2002（6）：

49-50.

马玉杰，王大勇，滕朝军. 论多媒体技术在档案学课堂教学中的适度应用 [J]. 档案学通讯，2011（1）：58-61.

毛小红. 德国中小学教材出版业现状与发展困境 [J]. 中国出版，2014（3）：59-63.

孟洪兵，周鹏. 电子教材的认识与实践 [J]. 塔里木农垦大学学报，2001（3）：35-37.

莫林. 多媒体教材中媒体的选择原则 [J]. 现代远程教育研究，2001（1）：31.

牛瑞雪，王本陆. 信息时代重新思考教科书 [J]. 内蒙古民族大学学报（社会科学版），2016（5）：108-114.

牛瑞雪. 我国数字教科书的研究现状、不足与展望 [J]. 课程·教材·教法，2014（8）：19-25.

潘新民，王本陆. 教学："技术化"还是"去技术化"？[J]. 课程·教材·教法，2017（4）：27-34.

潘兴强，汉杰. 技术的本质与信息哲学 [J]. 云南师范大学学报，2004（5）：1-5.

潘英伟. 电子课本解读 [J]. 出版广角，2007（8）：55-56.

屈志君. 智慧教育现状分析 [J]. 电脑知识与技术，2014（32）：7674-7676，7685.

曲秀芬，陈力. 网络英语教材的优势及其在教学中的实现——兼谈《英语（新目标）》网络教材的特点和使用 [J]. 课程·教材·教法，2012（12）：24-28.

任松跃. 多媒体教材的制作与使用 [J]. 中国电化教育，1996（12）：49-52.

沙沙. 我国基础教育数字教材中插图的演进 [J]. 科技与出版，2013（12）：83-85.

盛静. 核心素养视野下多元读写促进价值认同的理论与实践 [J]. 课程·教材·教法，2017（1）：28-33.

宋凤洲. 多媒体教材制作屏面设计 [J]. 电化教育研究, 2000 (6): 54-57.

宋惠平. 武进电子教材个案展示 [J]. 信息技术教育, 2005 (5): 5-7.

宋建华, 张宇燕, 杜爱明. 谈网络教材中色彩的应用 [J]. 中国成人教育, 2006 (3): 109-110.

宋洁青. 数字教材: 教育信息化的重要手段之一——兼谈中小学数字教材的研发 [J]. 中小学信息技术教育, 2014 (3): 25-26.

苏鸿. 论中小学教材结构的建构 [J]. 课程·教材·教法, 2003 (2): 9-13.

孙立会, 李芒. 日本电子教科书研究的现状及启示 [J]. 课程·教材·教法, 2013 (8): 111-117.

孙智昌. 教科书的本质: 教学活动文本 [J]. 课程·教材·教法, 2013 (10): 16-21, 28.

孙众, 骆力明. 数字教材关键要素的定位与实现 [J]. 开放教育研究, 2013 (4): 60-67.

王安琳, 毕海滨. 德国教育出版及数字化管窥 [J]. 现代出版, 2012 (2): 67-69.

王本陆. 让技术真正成为师生的好帮手 [J]. 教育发展研究, 2016 (4): 3.

王本陆. 关于加强云课程研究的几点思考 [J]. 课程·教材·教法, 2013 (12): 3-7.

王建设. "技术决定论"与"社会建构论": 从分立到耦合 [J]. 自然辩证法研究, 2007 (5): 61-64, 69.

王俊宏. 电子教材: 信息时代教科书设计的新形态 [J]. 中国教育信息化, 2011 (2): 91-92.

王嵘, 陈晓娣. 数字教科书: 从直观到数学抽象 [J]. 数学通报, 2016 (6): 25-30.

王炜波, 肖荣璐. 职业教育电子教材（课件）评价指标体系的设计 [J]. 中国职业技术教育, 2005 (22): 20-22.

王佑美. 电子课本不同版面要素的眼动行为分析 [J]. 编辑之友，2014 (5)：89-91，98.

王玉樑. 论价值本质与价值标准 [J]. 学术研究，2002 (10)：18-24.

吴小鸥. 教科书，本质特性何在？——基于中国百年教科书的几点思考 [J]. 课程·教材·教法，2012 (2)：62-68.

吴永和，马晓玲，杨飞. 电子课本出版与生态发展的阐述与研究 [J]. 远程教育杂志，2013 (1)：17-28.

吴永和，杨飞，熊莉莉. 电子课本的术语、特性和功能分析 [J]. 现代教育技术，2013 (4)：5-11.

吴永和，祝智庭，何超. 电子课本与电子书包技术标准体系框架的研究 [J]. 华东师范大学学报（自然科学版），2012 (12)：70-80.

项国雄. 从传统教材到电子教材 [J]. 信息技术教育，2005 (5)：8-10.

徐行，刘建平. 电子教材成果的评价 [J]. 西安航空技术高等专科学校学报，2003 (3)：24-25.

徐友良，肖鹏. 论多媒体教材与立体化教材的概念及分类 [J]. 当代教育论坛（综合研究），2011：15-16.

许厚笕. 基于课堂观测技术的数字化教研探究 [J]. 教育信息技术，2014 (4)：23-26.

闫兵. 职业教育电子教材建设的现状与对策研究 [J]. 天津成人高等学校联合学报，2005 (1)：69-73.

杨青. 初中英语网络教材的需求分析及编辑思路——以人教版《英语（新目标）》网络教材的开发调研为例 [J]. 课程·教材·教法，2011 (10)：64-69.

杨淑萍. 关于多媒体教材中声音问题的探讨 [J]. 中国教育技术装备，2009 (12)：26-27.

杨万里. 基于探究、合作、创新教育理念的电子教材研发 [J]. 课程·教材·教法，2012 (12)：41-46.

尤佳鑫，孙众，宋伟. 数字教材的技术接受度与教师 TPACK 能力的相关分析——基于结构方程模型的实证研究 [J]. 电化教育研究，2014 (11)：

102-108.

游泽清，卢铁军．谈谈有关多媒体教材建设方面的两个问题［J］．中国信息技术教育，2010（15）：91-93.

游泽清，曲建峰，金宝琴．多媒体教材中运动画面艺术规律的探讨［J］．中国电化教育，2003（8）：49-52.

游泽清．多媒体教材中运用交互功能的艺术［J］．中国电化教育，2003（11）：48-50.

于鷃，苑志旺，普济．国内外对"设计多媒体教材"研究的比较［J］．中国信息技术教育，2012（Z1）：36-40.

余胜泉．技术进入到教育中的最高境界是技术的"消融"［J］．信息技术教育，2007（4）：1.

曾天山．论教材的教学论基础［J］．西北师大学报（社会科学版），1996（3）：63-68.

张德成．中美电子课本学习资源建设的比较研究［J］．中国电化教育，2013（12）：74-77.

张浩，吴秀娟．深度学习的内涵及认知理论基础探析［J］．中国电化教育，2012（10）：7-11，21.

张勤坚．对中小学音像电子教材建设的几点看法［J］．中国电化教育，2001（2）：47-48.

张旭．多媒体教材的制作与应用［J］．职业技术教育（教学版），2006（8）：57-58.

张颖之，刘恩山．科学教育中科学内容知识的结构［J］．课程·教材·教法，2013（10）：47-51.

张媛媛．数字教材的教学实验、需求分析及发展趋势——以第二代"人教数字教材"为例［J］．数字教育，2015（5）：44-49.

赵建军．技术本质特性的批判性阐释［J］．自然辩证法研究，2001（3）：35-38.

赵志明，吕蕾．论数字教科书知识选择的"国家定义"与"个人定义"［J］．湖南师范大学教育科学学报，2014（2）：63-67.

中国互联网学习白皮书［J］. 中国教育信息化，2016（12增刊）.

周建平. 生态式教育视野中的教材观［J］. 当代教育科学，2004（9）：19-21.

周琼. 多媒体电子课本实现学习开放化［J］. 开放教育研究，1998（5）：34-36.

朱永海. 论"信息技术"本质［J］. 情报杂志，2008（7）：115-117.

祝智庭，郁晓华. 电子书包系统及其功能建模［J］. 电化教育研究，2011（4）：24-27，34.

庄科君，贺宝勋. 基于首要教学原理的电子教材的设计研究［J］. 现代教育技术，2012（4）：21-24.

中文学位论文及网络资料：

段永丽. 多媒体教材的设计格式研究［D］. 天津：天津师范大学，2013.

董烈云. 多媒体技术在初中数学直线形教学中的应用［D］. 呼和浩特：内蒙古师范大学，2011.

傅建明. 我国小学语文教科书价值取向研究［D］. 上海：华东师范大学，2002.

简婕. 支持高阶思维发展的数字化学习环境构建及其实证研究［D］. 沈阳：东北师范大学，2011.

潘慧玲. 基于步步高电子教材研发项目的教学设计研究［D］. 上海：上海师范大学，2012.

彭征. 基于复杂网络的教材知识结构模型研究——以初中物理教材为例［D］. 北京：北京师范大学，2014.

史晓娴. 少儿电子教科书艺术设计研究［D］. 南京：南京艺术学院，2013.

谢小芸. 教科书"学材化"研究［D］. 金华：浙江师范大学，2006.

曾庆福. 多媒体技术在生物学教学中运用的研究与实践［D］. 福州：福建师范大学，2002.

赵婧. 课程形态嬗变论——基于技术的社会建构视角［D］. 北京：北京

师范大学，2012.

赵伟琼. 基于移动学习的交互式电子教材的设计与开发［D］. 成都：四川师范大学，2014.

赵志明. 重新定义教科书［D］. 长沙：湖南师范大学，2014.

新闻出版总署. 新闻出版总署关于加快我国数字出版产业发展的若干意见［EB/OL］.（2010-08-16）［2022-03-18］. http://www. gov. cn/gongbao/content/2011/content_1778072. htm.

中华人民共和国教育部. 教育部关于印发《教育信息化"十三五"规划》的通知［EB/OL］.（2016-06-07）［2022-03-18］. http://www. moe. gov. cn/srcsite/A16/s3342/201606/t20160622_269367. html.

中华人民共和国教育部. 2013年教育信息化工作要点［EB/OL］.（2013-04-24）［2015-07-05］. http://web. ict. edu. cn/news/jrgz/xxhdt/n20130424_4165. shtml.

中华人民共和国教育部. 2014年教育信息化工作要点［EB/OL］.（2014-03-14）［2015-07-05］. http://www. moe. gov. cn/srcsite/A16/s7062/201403/t20140314_165870. html.

中华人民共和国教育部. 国家中长期教育改革和发展规划纲要（2010—2020年）［EB/OL］.（2010-07-29）［2015-07-05］. http://www. moe. gov. cn/jyb_xwfb/s6052/moe_838/201008/t20100802_93704. html.

外文资料：

Alan N. Who Owns the Learning：Preparing Students for Success in the Digital Age［M］. Bloomington，IN：Solution Tree Press. 2012.

ALAVI M，LEIDNER D. Knowledge Management Systems：Issues，Challenges and Benefits［J］. Communication of AIS，2001（7）.

AUST R，KELLEY M J，ROBY W. The Use of Hyper-reference and Conventional Dictionaries［J］. Educational Technology Research and Development，1993（4）.

BENGIO Y. Learning Deep Architectures for AI［J］. Foundations and

Trends in Machine Learning, 2009 (1).

DAVID H ROSE, et al. Teaching Every Student in the Digital Age: Universal Design for Learning [C]. Association for Supervision and Curriculum Development, 2002.

DENNIS A R, MCNAMARA K O, MORRONE S, PLASKOFF J. Improving Learning with eTextbooks [Z/OL]. http://etexts.iu.edu/files/Improving%20learning%20with%20etextbooks.pdf, 2012.

ELLUL J. The Technological Society [M]. New York: Vintage books, 1964.

EMMANUEL G MESTHENE. Technological Change: Its Impact on Man and Society [M]. New York: New Ameican Library, 1970.

HALL. The Connected Educator: Earning and Leading in a Digital Age [M]. Bloomington, IN: Solution Tree Press, 2012.

HANS ACHTERHUIS. American Philosophy of Technology: The Empirical Turn [M]. Bloomington: Indiana University Press, 2001.

High School Biology Textbooks: A Benchmarks Based Evaluation [EB/OL]. (2011-11-18) [2022-03-18]. http://www.project2061.org/publications/textbook/hsbio/report/analysis.htm.

JAMES M UTTERBACK. Mastering the Dynamics of Innovation [M]. Boston Massachusetts: Harvard Business School Press, 1996.

JASPERS K. The Origin and Goal of History [M]. New Haven: Yale University Press, 1953.

JOHN M STAUDENMAIER. Technologys Storytellers: Reweaving the Human Fabric [M]. Cambridge, Mass: MIT Press, 1989.

LAM P, LAM S L, LAM J, MCNAUGHT C. Usability and Usefulness of EBooks on PPCs: How Students' Opinions Vary over Time [J]. Australasian Journal of Educational Technology, 2009 (1).

LANGDON WINNER. Autonomous Technology: Technics-out-of-controlasa Theme in Political Thought [M]. Cambridge, Mass: MIT Press, 1977.

NAKOS G E, DEIS M H. Student Perceptions of Digital Textbooks: An Exploratory Study[Z/OL]. http://www.westga.edu/~bquest/2003/digital.htm.

NICKOLS F. The Knowledge in Knowledge Management [C] //CORTADA J W, WOOD J A. The Knowledge Management Yearbook 2000-2001. London: Routledge, 2000.

OECD. The Definition and Selection of Selection of Key Compentencies[EB/OL]. [2016-08-12]. http://www.oecd.org/dataoecd/47/61/35070367.pdf.

Partnership for 21st Century Learning (P21). Framework for 21st Century Learning[EB/OL]. [2022-03-18]. http://www.p21.org/storage/documents/docs/P21_Framework_Definitions_New_Logo_2015.pdf.

POLANYI M. Knowing and Being [M]. Chicago: University of Chicago Press, 1969.

RAPP F. Analytical Philosophy of Technology [M]. Dordrecht: Springer, 1981.

SHOWALTER V M. A Model for the Structure of Science [M]. Cleverland: Research Council of American Press, 1974.

STROTHER E A, BRUNET D P, BATES M L, GALLO III J R. Dental Students' Attitudes Towards Digital Text-books [J]. Journal of Dental Education, 2009 (12).

The Scottish Government. Building the Curriculum[EB/OL]. [2022-03-18]. http://www.educationscotland.gov.uk/learningandteaching/thecurriculum/howisthecurriculumorganised/interdisciplinarylearning/index.asp.

TOM VANDER ARK. Getting Smart: How Digital Learning is Changing the World [M]. New York: Jossey-Bass, 2012.